世界をひも解く

「地政学ニュース」

発売 小学館
発行 小学館クリエイティブ

※実際の地図を簡略化したもの

これはどこの地図かわかるでしょうか?

一瞬、「？」となったかもしれません。
これは、日本含め東アジアの一部を示した地図です。
見慣れた地図も回転させてみると、全く違うものに見えてきます。
まさにここに、地政学の面白さがあるのです。

地図内の下に位置する中国からすると、日本列島が蓋《ふた》をしているように感じるでしょう。
唯一、空いているのはどこか。そう、九州の横、台湾と沖縄の間のスペースです。
尖閣諸島問題に決着がつかないのも、米軍が沖縄を離れないのも、
中国と台湾がもめているのも、実は、このスペースが原因の一つだったりします。

このように、いま起きているニュースを地政学的観点で考えれば、
スッキリと理解できると思います。こういう見方もあるんだと。
本書では、ニュースを地政学から読み解くことを「地政学ニュース」と名付け、
「現代の知の巨人」である出口治明のガイドによって進んでいきます。
外国で起きている物騒なニュースや日常生活のギモンが明らかになり、
世界の見え方が変わることに、楽しさを感じてもらえれば嬉しいです。

Contents
目次

プロローグ 2

PART 1
地政学の大鉄則 ―6 Rules―

地政学は世界の「いま」がわかる学問 10
隣国同士はたいてい仲が悪い? 12
世界はバランス・オブ・パワーでできている 14
世界はランドパワーとシーパワーのせめぎ合い 16
ハートランドとリムランドを理解すれば、紛争が起こりやすい場所がわかる! 18
チョークポイント&シーレーンをおさえた国が世界を制す 20

Column 01
コロナ禍の地政学 22

PART 2
国際社会を大きく揺るがす!
アメリカのニュースを地政学で解く

アメリカが世界一になれたのは「島」だから!? 24
民主党と共和党はどう違う? 28
米大統領選挙はどうやって進む? 32

大統領選挙後、アメリカ政治は世界にどのような影響を与える？　36
アメリカが「世界の警察官」を辞めたのはなぜ？　40
アメリカが中国と貿易戦争をした理由は？　44
トランプが支持されるのはなぜ？　48
「ポストアメリカ」はどこ？　52
Column 02　アメリカの銃規制はなぜ進まないの？　56

PART 3

これだけはおさえておきたい！

日本のニュースを地政学で解く

いまの日本の立ち位置は？　58
歴史的円安はなぜ起こった？　62
北朝鮮はなぜ頻繁にミサイルを打ってくる？　66
韓国が竹島の領有権を主張し続けるわけとは？　70
なぜ北方領土はいつまでたっても返還されない？　74
どうして日本に米軍基地が存在する？　78
日本が将来的に核保有国になる？　82
衆議院議員総選挙後、日本と東アジアの情勢はどうなる？　86

Column 03
地政学的観点から見た韓国発カルチャーとは？ 90

PART 4 世界を巻き込む！
中国のニュースを地政学で解く
そもそも「一帯一路」って何？ 92
中国が尖閣諸島を狙っている理由は？ 96
南シナ海を巡って中国とフィリピンがもめているのはなぜ？ 100
なぜ中国はウイグルの独立を許さないのか？ 104
台湾の総統が代わって中国と衝突の可能性は？ 108
中国とインドが衝突したのはなぜ？ 112
Column 04
香港でなぜ民主活動家が指名手配される？ 116

PART 5 生活に大きく関わる！
中東のニュースを地政学で解く
なぜイスラエルとパレスチナは対立しているのか？ 118
アメリカがイエメンのフーシ派を攻撃するわけとは？ 122
サウジアラビアとイランが国交を正常化させた理由は？ 126

シリアではなぜ内戦が続いているの？ 130
中東のエネルギー資源はいつまで続く？ 134
Column 05 フランスサッカーが強い理由とは？ 138

PART 6 他人事じゃない！ ロシアとヨーロッパのニュースを地政学で解く
どうしてロシアはウクライナに侵攻した？ 140
そもそもNATOって何？ 144
地球温暖化はロシアにメリットももたらす!? 148
物価の高騰で生活が苦しいのはウクライナ侵攻が原因!? 152
Column 06 平和の祭典であるオリンピックで分断が起こるのはなぜ？ 156

参考文献 157
用語解説 158

PART

Ⅰ

地政学の大鉄則

— 6 Rules —

今回、厳選した「地政学の大鉄則」
ともいえる6つのルールは、
現代の国際情勢の
あらゆるシーンに応用できます。
世界のニュースを地政学で解き明かす前に、
前提となるキホンを見ていきましょう。

地政学の
大鉄則
1st Rule

地政学は世界の「いま」がわかる学問

みんなそれぞれの国の立場から
論じていることには留意しよう。
Deguchi's Comment

「地政学という言葉をよく耳にするけど、いまいちよくわかっていない」。この本を手に取ったあなたは、そう感じているかもしれません。「地政学」という言葉は最近ニュースで当たり前のように使われ、数多くの関連書籍が出版されていますが、実は私たちの生活にも大きな影響があるのです。そして、地政学を知れば、いま世界情勢を賑《にぎ》わせているあのニュースもするりと理解できます。

そもそも地政学とは、位置、地形、資源、風土などの**「地理的条件」から、国と国との関係性や影響を研究する学問**を指します。人間関係にたとえると「隣人を知り、近くで暮らす人同士で平和に過ごすために話すべきことは何か、どんな行動をすべきか」を考える学問です。

現代は、インターネットが急速に発達したおかげで、遠い国で何が起きているか、すぐにわかるようになりました。米大統領選挙も中東での紛争も一昔前ならテレビや新聞のニュースでしか知ることができませんでしたが、今ではSNSなどの投稿から知ることもできます。ただ、いくら情報網が発達しても、興味がなければ、その情報の本質を知ることはできません。「遠くで起きていることだから、自分には関係ない」では、これからの未

地政学の流れ（英米系統）

マハン（米）
1840〜1914

覇権国家はランドパワーとシーパワー（➡P16）にわかれる。アメリカが覇権を握るためには、シーパワーを強化するべき！

マッキンダー（英）
1861〜1947

イギリス（以下、「連合王国｛UK｝」）海軍が及ばないロシアの内陸をハートランド（➡P18）と呼ぼう。ハートランドを制する者が世界を制する！

スパイクマン（米）
1893〜1943

戦争はリムランド（➡P18）に集中している。アメリカはリムランドをランドパワー国家に譲ってはいけない！

上記の英米系統の地政学に加えて、ドイツ系統の地政学も存在する。過去、ナチスはそのドイツ系統の地政学理論を利用して、世界を侵略。しかし、第二次世界大戦でナチスドイツが敗れ、日本ではGHQ（➡P159）に禁じられたことで、地政学そのものがタブー視された。

しかし、今！ 国際情勢が不安定化し、日本で英米系統の地政学が注目を浴びている

来をちゃんと生きていくことはできないと思うのです。特に日本は島国。食糧、エネルギーなど多くを輸入に頼っています。**戦争が起きたら、物価が高騰《こうとう》したというニュースを耳にしたことがあるかと思いますが、そのように国際情勢は私たちの生活に大きく関わってきます。**

さて、**地政学を知る前に地球儀を用意することをおすすめします。**最近は世界を地球儀状に映す地図アプリもあるので、ぜひ、それらを見ながら読んでみてください。地球に海があり、大陸があり、そして、日本のような島国があるからこそ、地域の違いが生まれ、それぞれの国が手を結んだり、反発し合って争ったりするもの。地政学は地球上の地理をリアルに確認することで、世界の「いま」が見えてくる学問なのです。

これ以外にも例を挙げれば
キリがないよ。
Deguchi's Comment

地政学の大鉄則
2nd Rule

隣国同士はたいてい仲が悪い？

　人間関係でも、隣同士は何かと揉《も》め事が多いものです。それはしょっちゅう顔を合わせ、些細《ささい》なことで互いがイライラしてしまうからかもしれません。隣人トラブルでよくあるのが騒音。また、隣の家の木の枝がはみ出し、葉っぱが我が家の庭に散って掃除に困ったり……。距離が近ければ近いほど互いの領域に踏み込む事態になり、相手へのいらだちに繋《つな》がるのですね。

　それは国家同士でも同じかもしれません。例えば、**領土問題ではそれぞれ近い国同士が争います。**隣国とは、約50％の確率で仲が悪いと思っておきましょう。日本でいえば、韓国との竹島問題、中国との尖閣諸島問題、ロシアとの北方領土問題などがあります。

　どんどん国内の人口が増えると、土地も足りなくなり、住む場所を近くに拡大しようとします。**しかし、これから広げようと思った場所は、隣にいる別の国の人たちも狙っている。その土地を巡って、争いが起きる。**そんなことが世界各国のあちこちで起きているのです。

　アジアでは日本とロシア、日本と中国、日本と北朝鮮、日本と韓国、インドとパキスタン、インドと中国、中国とフィリピン、中東ではイランとサウジアラビア、

今も昔も、ご近所付き合いは難しい

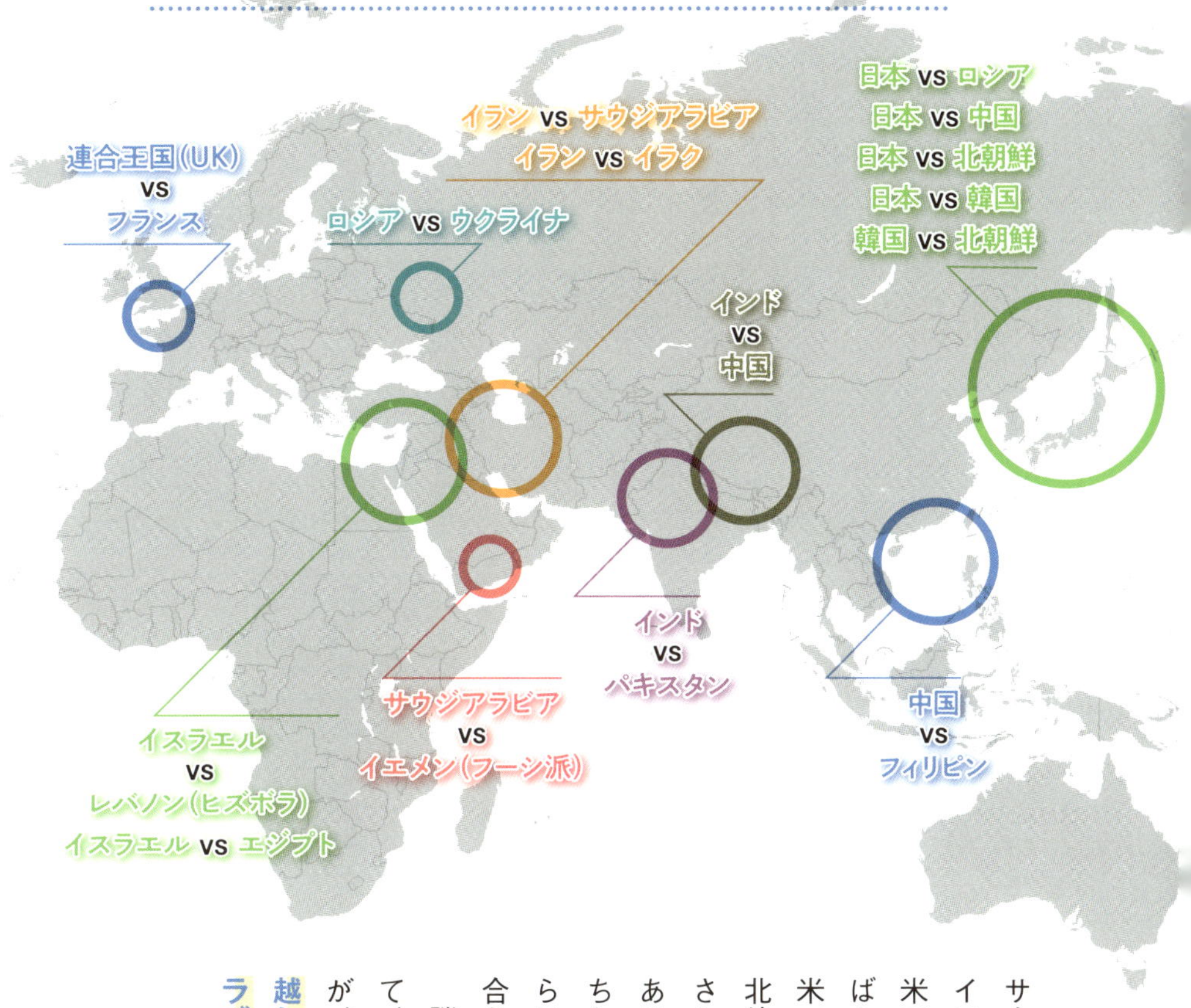

サウジアラビアとイエメン（フーシ派）、イスラエルとレバノン（ヒズボラ）、欧米ではロシアとウクライナなど、挙げればキリがありません。第二次世界大戦後、米ソ冷戦（➡P158）の煽《あお》りを受け、北緯38度線を境に朝鮮半島が南北に分断されて以降、韓国と北朝鮮も同じ民族でありながら、長年争っています。自分たちと近しい見た目、感覚、言語を使うからこそ、ちょっとしたすれ違いで憎しみ合うのは人間の性《さが》なのかもしれません。

隣人トラブルも個人なら引っ越しをして、相手から逃れるという手もありますが、国ではそうはいきません。**国は引っ越しができないからこそ、地政学的なトラブルが起きると考えていいでしょう。**

同盟国のアメリカだが、かつて
「日本叩き」をした時期も。
Deguchi's Comment

地政学の大鉄則
3rd Rule

世界はバランス・オブ・パワーでできている

国はそれぞれ、自分たちの安全を守るために力を保っています。そのために軍事力を強化したり、経済的に発展しようとしたり、必死に頑張っているわけですね。その**勢力がお互いにつり合った状態を「バランス・オブ・パワー」**といいます。要はお互いを牽制《けんせい》し合っている状態です。各国それぞれ言語が違うように、文化、宗教、理念が違います。同じ考えの人に共感を抱いたり、また違う考え方をもつ人に反発を覚えたりするのと同じように、国家の間でも共感、反発があります。共感し合う国は手を取り合って協力関係を結びます。そして協力国は対抗している国を牽制しながら、相手がどう出るかを常に窺《うかが》っています。**もし、ある1つの勢力だけが圧倒的優位な状況になると、バランス・オブ・パワーが崩れてしまいます。**そうなると対立構造が顕在《けんざい》化《か》し、争いを引き起こしかねません。争いが起きると、自分たちにも被害が及ばないように国は勢力を拡大し、警戒を強化します。そうならないよう、バランス・オブ・パワーを保つために取る策が、**「敵の敵を味方につけること」**です。

過去の例を挙げると、連合王国（UK）は第一次、第二次世界大戦で欧州大陸が戦場になった時、沖合から大陸を様子見

バランス・オブ・パワーとは

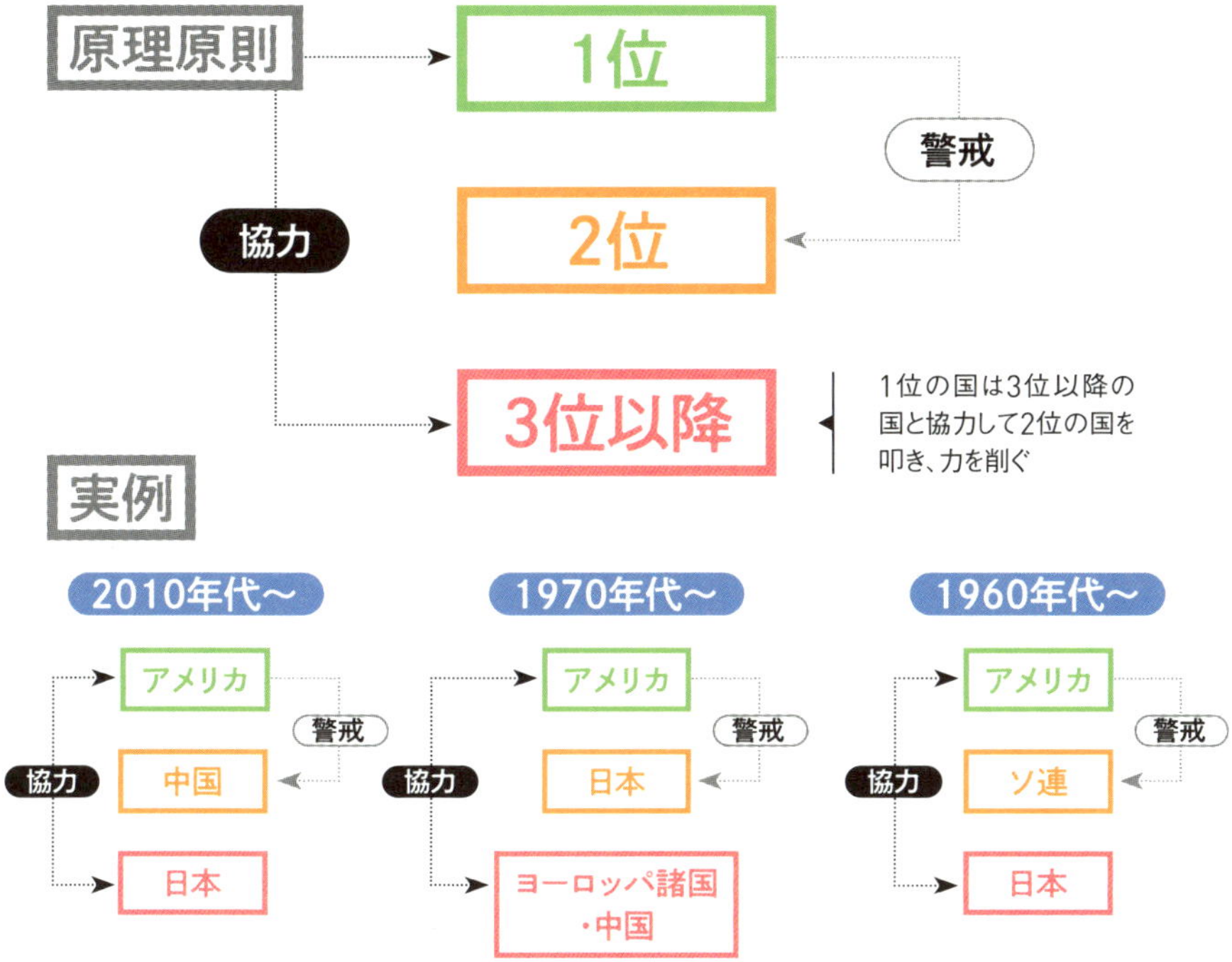

冷戦時から現在まで…1位のアメリカはその時々の3位以降の国と手を組んできた。

しました。そしてバランス・オブ・パワーを崩す国が出てくると、その国の敵国と同盟を結び、バランスを維持したのです。このように距離を置きつつも、いざという時は協力関係を結びバランスをとる戦略を、自分の国から離れた地域を意味する「オフショア」と、バランスをとる「バランシング」を掛け合わせて「オフショア・バランシング」といいます。

また、**経済的・軍事的にも、1位の国は2位の台頭を放っておくわけにはいきません。そこで3位以降の国と手を組んで、2位の国をおさえこもうとします。**

かつてアメリカは、経済面で世界第2位の大国となった日本を叩くために中国と国交回復を行い、手を結びました。現在はその逆で、アメリカは日本と手を結んで、台頭してきた中国を牽制しています。

地政学の
大鉄則
4th Rule

世界はランドパワーとシーパワーのせめぎ合い

国土の特徴がリーダーの
性質にまで影響を与えている。

地政学で大きなポイントとなるのは、「陸」と「海」です。地政学では陸に勢力をもつ**「ランドパワー」**と海に勢力をもつ**「シーパワー」**という二つの概念があります。**ランドパワー国家はランドパワー国家同士、シーパワー国家はシーパワー国家同士で同盟を結ぶとうまくいきやすい**傾向があります。

ランドパワー国家は、主にユーラシア大陸内部にある大陸国家を指し、ロシア、中国、フランス、ドイツなどが挙げられます。一方、シーパワー国家は半島国や島国などの海洋国家で、アメリカ、連合王国（UK）、そして戦後、日本も代表的な国です。ランドパワーは大陸に位置するため、周辺の地続きのエリアに拡大・進出しやすいですが、逆に侵略される恐れもあり**「攻めやすく守りづらい」**のが特徴です。一方、シーパワーは海という天然の要塞《ようさい》に囲まれているため、**「攻めづらく守りやすい」**のが特徴です。

このランドパワー勢力とシーパワー勢力のせめぎ合いが、世界の歴史といっても過言ではありません。では、どちらが有利な状況なのでしょうか。

15世紀以前、人間にとって海は行く手を阻む「障害」でした。元寇《げんこう》において嵐で船が沈没し、モンゴル軍が撤退した例

ランドパワー国家とシーパワー国家はこんなに違う！

ランドパワー国家		シーパワー国家
ロシア、中国、ドイツ	代表国	アメリカ、日本、連合王国（UK）
国の大半は内陸部に位置する。隣国と陸続きで長い国境を接していることが多い。	国土	島国や半島国家など、隣国との間に海を挟んでいることが多い。
常に侵略されるリスクに晒《さら》されているため、「やられる前にやる」という意識で、自国から領土拡大を目指す傾向がある。	性格	自国の領土拡大よりも他国との交易を重視。領土を拡大したとしても、飛び地になってしまうため、支配を維持するのは難しい。
攻めやすいが、守りづらい「攻撃型」。侵略・防衛するために強力な軍隊をもつ。そのため国のトップには強いリーダーシップが必要。	安全保障	攻めづらいが守りやすい「防御型」。ただし、自給自足できていない国は、シーレーン（➡P20）をおさえられると、一気にピンチに。
外交重視のリーダーが多く、中央集権的なシステムをとる傾向。	政治体制	内政重視のリーダーが多く、地方分権的なシステムをとる傾向。
陸上貿易が多く、鉄道輸送が主な手段。	貿易手段	海上貿易が多く、船舶《せんぱく》輸送が主な手段。

がわかりやすいでしょう。その時代には、モンゴル帝国をはじめ、ランドパワー国家が世界の覇権を握りました。

しかし、15世紀以降、航海・造船技術が発達したことで、大航海時代を迎えます。交易路として海が大きく活用されるようになり、シーパワー国家のほうが有利となりました。15世紀以降の覇権国であるポルトガル、スペイン、連合王国、アメリカはいずれもシーパワー国家です。そんな中、19世紀後半以降は鉄道網や道路の敷設により、必ずしもランドパワー国家が不利な状況ではなくなりました。

こうして、技術の発展も大きく影響し、**世界は「ランドパワー」と「シーパワー」によって覇権争いが繰り返されている**のです。では、どのように覇権争いが行われているのか次で見ていきましょう。

地政学の大鉄則
5th Rule

ハートランドとリムランドを理解すれば、紛争が起こりやすい場所がわかる！

ランドパワーとシーパワーがぶつかるのがリムランド。
Deguchi's Comment

「地政学の祖《そ》」といわれる英国人の地理学者マッキンダーは、ユーラシア大陸の奥まった部分、つまり今のロシアが位置するあたりに対して、心臓部を意味する「Heart」から**「ハートランド」**と名付けました。ハートランドの背後には、一年のほとんどが凍っている北極海があり、なかなか攻め入ることが難しいエリアです。雨が少なく、寒冷地で人が住むのに厳しい地域でもあり、文明が栄えることはありませんでした。

そのことから、マッキンダーは「ハートランドを制し、ハートランドを支配する者は世界島を制し、世界島を支配する者は世界を制する」と唱えました（世界島とはユーラシア大陸とアフリカ大陸を指しています）。ハートランドはナポレオンもヒトラーも一度は制しようとしましたが、ロシア（ソ連）軍の抵抗とその過酷な環境に苦戦し、撤退を避けられませんでした。**難攻不落のハートランドだからこそ、ここを制する者は世界を制すという考えになったわけです。**

一方、アメリカの国際政治学者スパイクマンはランドパワーとシーパワーがぶつかり合うところを**「リムランド」**と名付けました。「リム」は「まわり・ふち」を意味し、ユーラシア大陸の外縁部を指

リムランドで起きた紛争は数え切れないほどある

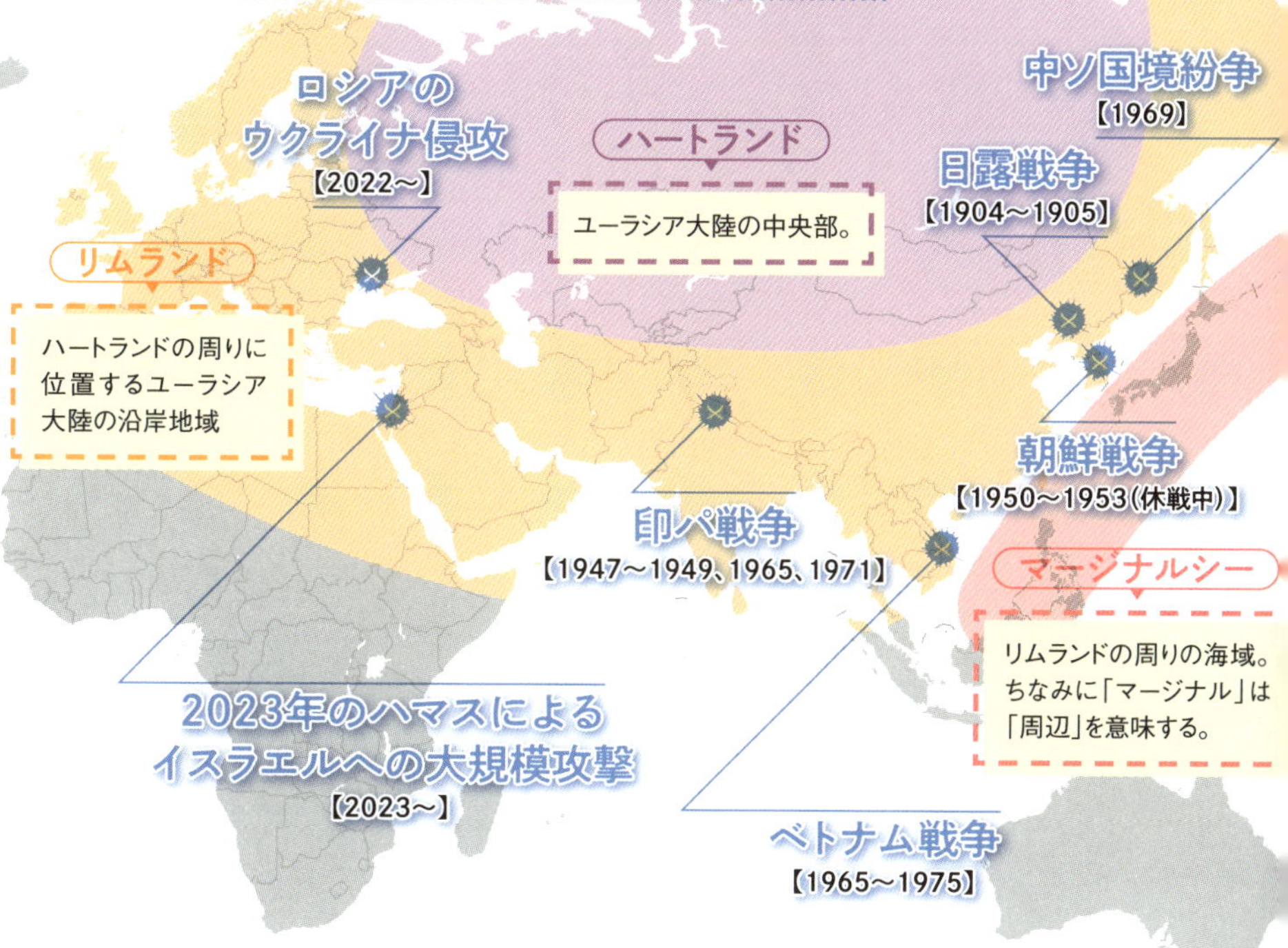
ロシアのウクライナ侵攻
【2022～】
ハートランド
ユーラシア大陸の中央部。
中ソ国境紛争
【1969】
日露戦争
【1904～1905】
リムランド
ハートランドの周りに位置するユーラシア大陸の沿岸地域
朝鮮戦争
【1950～1953(休戦中)】
印パ戦争
【1947～1949、1965、1971】
マージナルシー
リムランドの周りの海域。ちなみに「マージナル」は「周辺」を意味する。
2023年のハマスによるイスラエルへの大規模攻撃
【2023～】
ベトナム戦争
【1965～1975】

します。気候は温暖で、作物が育ちやすく、経済活動が盛んな地域が多く、当然、そんなリムランドを各国が放っておくわけはありません。**実際にリムランドを狙い、数多くの戦争が行われてきました。**思い返せば、ロシアのウクライナ侵攻、ベトナム戦争、朝鮮戦争など、全てリムランドが舞台となっているのです。スパイクマンは「リムランドを制する者が世界を制する」と主張しました。

また、このリムランドをおさえるには周辺にある海域**「マージナルシー」**をおさえることが重要だとスパイクマンはいいます。マージナルシーはランドパワー国家が太平洋に出るには避けては通れないエリアであり、**シーパワー国家にとっても、ランドパワー国家の拡大を阻むには、ここをおさえることが大事になってくるのです。**

海を支配するには「点」を
おさえればいいんだ。

地政学の大鉄則
6th Rule

チョークポイント＆シーレーンをおさえた国が世界を制す

シーパワーの国にとって何よりも重要なのが**「シーレーン」**（海上輸送路）です。シーレーンは有事の際に確保する必要がある海路で、シーパワー国家にとっては貿易を行う上でも戦略的重要性をもつルートです。シーレーン上で争い事が起きると、そこが封鎖され、船舶運航の安全性が阻害されてしまい、貿易にも大きな影響が出ます。そのため物資の値上がりにも影響しますし、悪化した場合、物資が不足して生活が困窮してしまいます。

中でも、重要なエリアを**「チョークポイント」**と呼びます。チョークには「首を絞めて窒息《ちっそく》させる」という物騒な意味があり、チョークポイントをおさえれば、シーレーンをおさえることができるのです。アジアや中東の近海には、大規模な物流を成立させている船のルートがあります。このルートは国家の運営にとってまさに命綱のようなもの。ここを敵国に掌握《しょうあく》されてしまうと、たちまち食糧難やエネルギー難に陥《おちい》ります。**日本が輸入する石油の約8割がホルムズ海峡を通っており、ここをおさえられることは日本の「首を絞める（チョーク）」ことに繋がります**（ちなみに、日本の石油備蓄は約200日分しかない※1）。

代表的なチョークポイントは、他にも

これが世界の主要なチョークポイント

(日本が中東諸国から石油を輸入する場合、いくつものチョークポイントを通過する必要がある)

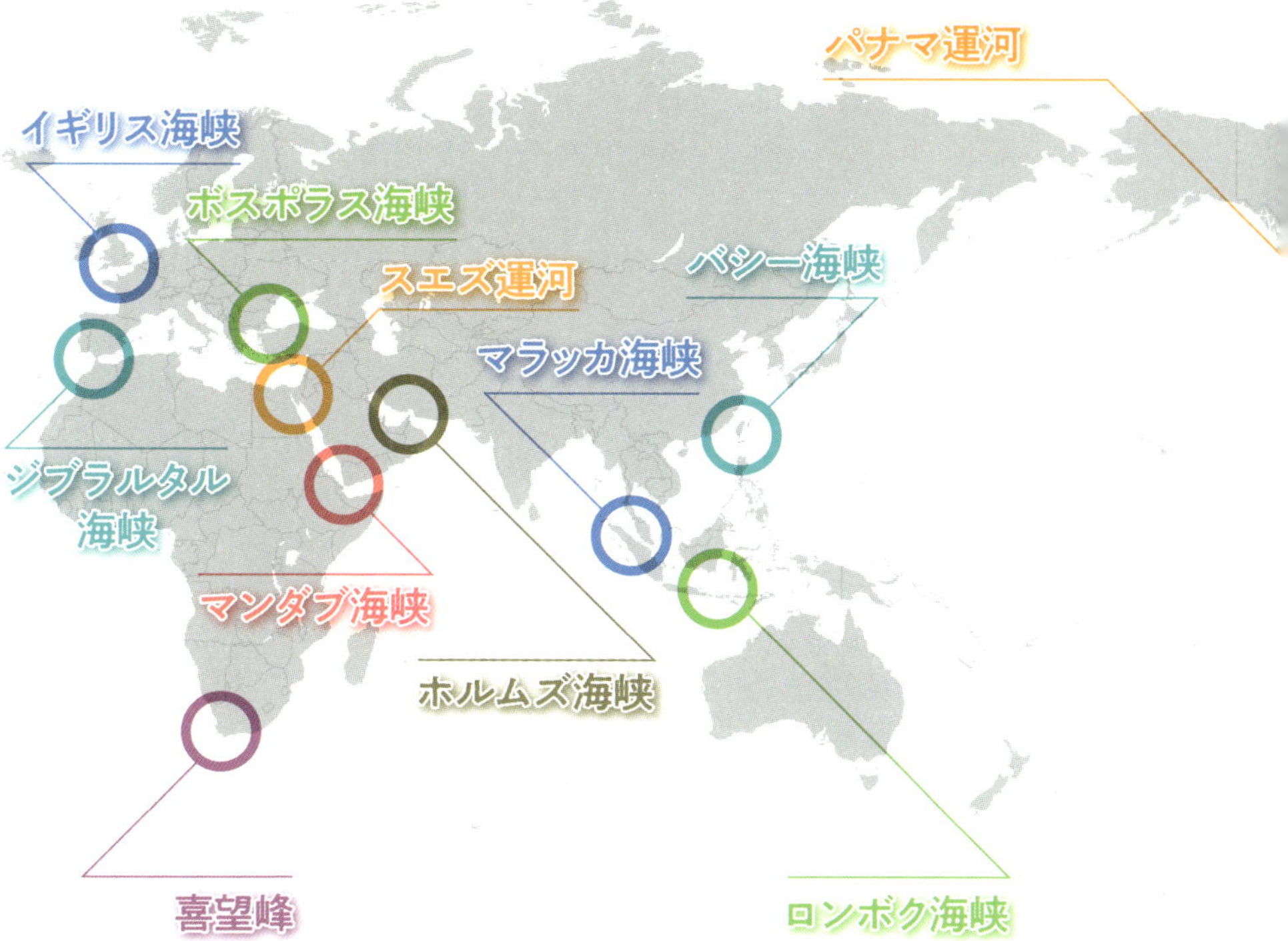

スエズ運河、マンダブ海峡、マラッカ海峡、バシー海峡などで世界に10ヵ所ほどあるとされています。このチョークポイントを掌握することで、他の国をコントロールすることができるのです。現在、多くのチョークポイントを監視しているのがアメリカの海軍です。**アメリカが世界で覇権を握れているのは、チョークポイントをおさえているからです。**1900年前後にはすでに、アメリカの軍人・地政学者マハンが「アメリカが大国になるにはシーパワーを強化することが大事」と説いていました。

シーレーンで揉め事が起こらないように、各国が目を光らせています。**チョークポイントを封鎖することで、相手国の首を絞め、息の根を止めることもできる。**それがシーレーンの重大性です。

Column 01

コロナ禍の地政学

2020年、世界中を襲った新型コロナウイルスによるパンデミックですが、その裏で地政学的にも大きな混乱が起きました。その一つがロックダウン(行動を制限する都市封鎖)です。新型コロナウイルスが確認された中国の武漢《ぶかん》市から始まり、アジアではネパールやマレーシア、ラオスなどが国ごとロックダウンを行いました。欧州に関してもフランス、ドイツ、連合王国(UK)、イタリア、スペインなどほとんどの国や地域が都市部だけでなく、全国的にロックダウンを実施しました。

実は、ロックダウンを行った国のほとんどがユーラシア大陸のランドパワー国家です。ユーラシア大陸は陸続きのため、人の移動もしやすく、その分ウイルスの感染も拡大しやすいため、ロックダウンをせざるを得ませんでした。一方、シーパワー国家は港湾や空港での検疫を徹底すれば、ある程度は感染拡大を防げるのです。**このコロナ禍を逆手にとったのが中国です**。中国はいち早くアフリカなどの途上国にワクチンを提供しました。さらにマスクや防護服といった医療物資もサポートすることで自国の経済力をアピールしました。これは「ワクチン外交」「マスク外交」と揶揄《やゆ》され、アメリカなどから批判されました。中国は「政治的な意図はない」としていましたが、途上国を対象に影響力を行使してきたところを考えると、中国側に引き込みたいという意図が透けて見え、政治的に利用したと考えるのが自然でしょう。

PART

2

国際社会を大きく揺るがす!

アメリカのニュースを地政学で解く

いつも国際ニュースを賑わせるアメリカ。
「アメリカがくしゃみをすると、
日本が風邪をひく」というぐらい、
世界中に大きな影響を及ぼす
超大国のニュースを
地政学から解き明かします。

アメリカの地政学

Question 01

アメリカが世界一になれたのは「島」だから!?

Answer 01

島国の利を大いに活かして国が成長した

アメリカが島国というと驚きますよね。しかし、地図を見てみると、**アメリカの東西には海があり、まさにシーパワーの国。**太平洋と大西洋という海に囲まれている天然の要塞ともいえます。陸でいうと北はカナダと南はメキシコに挟まれていますが、現時点で両国から侵略される恐れはほぼありません。

島国であることがわかりやすい

アメリカ中心の地図を見てみると、

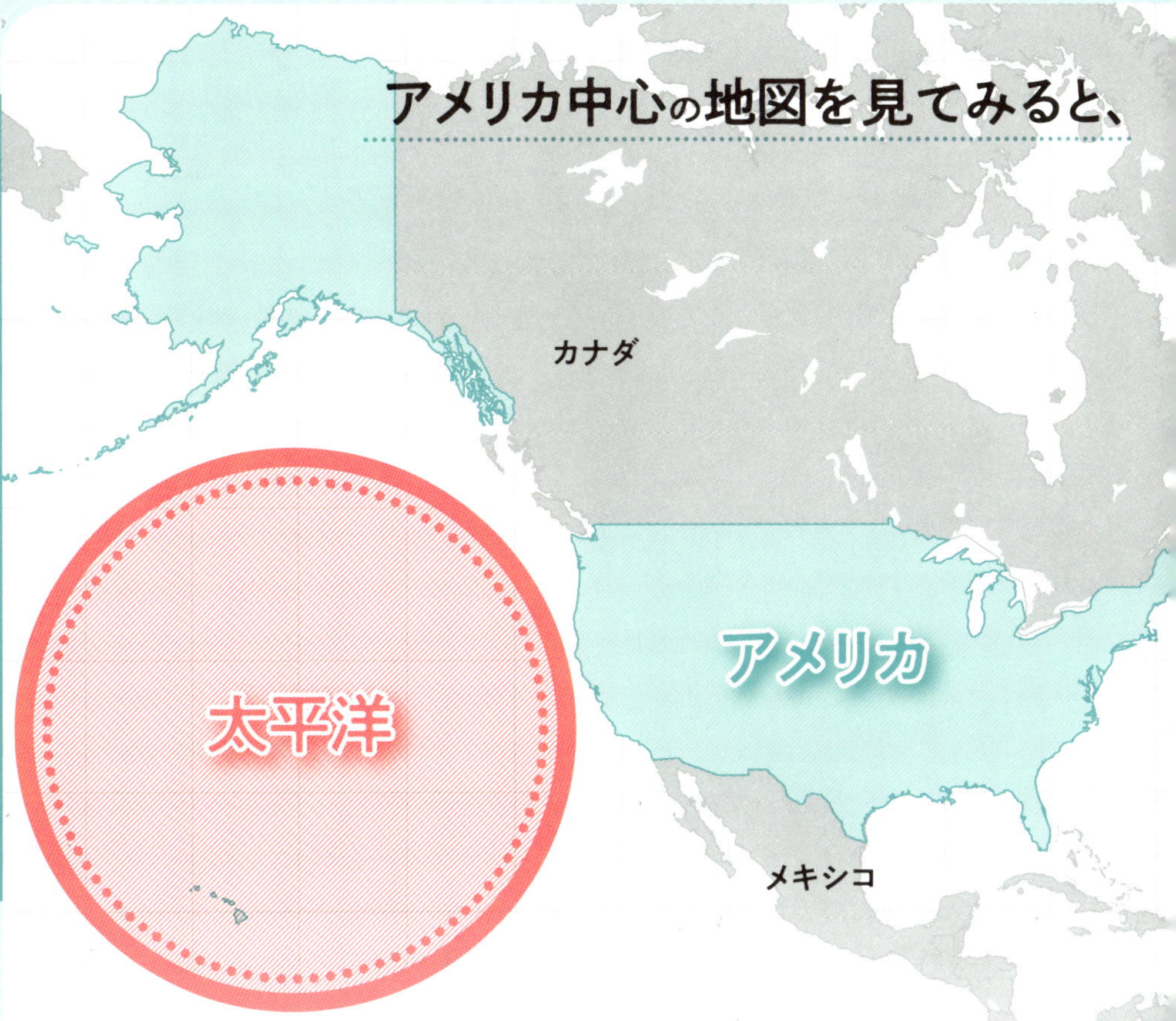

1492年、ヨーロッパ人では初めて、コロン（コロンブス）がアメリカ大陸に到達しました。このことからもわかるように、**アメリカは欧州から約5000km離れているので、欧州諸国から攻撃を受けにくいという特性があります。**これまで本土に他国から直接攻撃を受けたのは、アメリカ独立戦争と、アジア・太平洋戦争中の日本軍の風船爆弾による空襲ぐらいです。

アメリカの成り立ちを振り返ると、1620年、英国国教会から迫害されたピューリタン（プロテスタントの一派）が本土に移住してきました。やがて東海岸の13州に入植。連合王国（UK）だけでなく、フランスは南部ルイジアナ、スペインはフロリダ、メキシコはテキサスなどの南部を支配しました。

連合王国の植民地になったアメリカ東

アメリカの
地政学
Question 01

アメリカが世界一になれたのは「島」だから!?

A.01 島国の利を大いに活かして国が成長した

部ですが、そこで事件が起きます。18世紀後半、連合王国は世界中に領土を広げていました。連合王国は本国の苦しい財政事情を補うために、植民地アメリカからたくさん徴税しようとしました。そして1773年には、植民地への茶の販売を連合王国の東インド会社に独占させる法律をつくりましたが、これにボストン市民が猛反発。同社の船を襲撃し、お茶が入った箱を海に投げ捨てる事件が起こりました**（ボストン茶会事件）**。

この事件を発端として、1775年、連合王国を相手にアメリカ独立戦争が始まります。独立戦争でアメリカの味方となったのが、フランス、スペイン、ネーデルラント（日本名「オランダ」のこと）。これらの国はヨーロッパで長年、連合王国と対立してきました。また、英国軍は大西洋を横断して上陸する必要があり、そのような相手をアメリカ軍は迎え撃つことができたのです。まさにシーパワー国家の地の利。こうして、連合王国との戦争に勝利したアメリカの13の植民地が独立しました。その後、他国から残りの土地も次々と買収・割譲し、先住民を追いやっていったアメリカは、1890年頃には全土を支配することとなりました。

領土拡大を成功させたアメリカは、今度はユーラシア大陸に対して影響力をもつようになります。貿易も盛んに行い、国として発展していきます。海を渡り、世界各地に商売の手を広げました。

その後、20世紀には二つの大戦が勃発《ぼっぱつ》。アメリカも大きく関わることとなりましたが、シーパワー国家であるアメリカ本土はほとんど攻撃を受けていません。連合王国、フランス、ロシア（ソ連）など勝利した列強国が戦禍を被っている中、

Deguchi's Scorp

ニュースの「これまで」がわかる! 出口スコープ

福音派と共和党の関係

1620年、連合王国からメイフラワー号に乗って、ピューリタンというキリスト教プロテスタントの人たちがアメリカに渡ってきました。キリスト教プロテスタントはアメリカで様々な宗派に分裂しますが、現在、多く残っているのは福音派（宗教右派）と呼ばれる宗派。アメリカ国民の約4分の1を占める彼らは今でも共和党の強固な支持基盤です。福音派は教会の権威によらず聖書を重視します。共和党の大統領が就任の際に、聖書に手を置いて宣誓するのは、この福音派の考えによるものなのです。

ほぼ無傷で大戦を終えたアメリカは、第二次世界大戦後、一気に覇権国としての地位を確実なものにしました。

それと同時に、シーレーン（➡P20）を守るために強大な軍事力ももつようになります。アメリカは海の軍事力に革命をもたらした原子力空母（➡P159）を中心とする**「空母打撃群」**を形成し、さらに海兵隊（➡P159）を世界中で展開します。強大な軍事力を背景にアメリカは、今度は世界をコントロールしようと試みました。ちなみにアメリカでは陸軍より海軍のほうがステータスが上とされています。**このことは、「島国」の自意識がアメリカ側にあるからではないかと思われます。**シーパワーの地の利を活かしたアメリカは、大国として発展していったのです。

アメリカの地政学
Question 02

民主党と共和党はどう違う？

Answer 02

都市部に支持者の多い民主党、農村部に支持者の多い共和党

アメリカは民主党と共和党の二大政党に分かれます。民主党はリベラル（⬇P158）寄り、共和党は保守寄りが一般的なイメージです。民主党の歴代の大統領を見ると、フランクリン・ルーズベルト、ジョン・F・ケネディ、ジミー・カーター、ビル・クリントン、バラク・オバマ、そしてジョー・バイデンです。名

トランプ登場以降、あることに注目！

シンボル	歴代大統領
青いロバ	F・ルーズベルト、ケネディ、オバマ、バイデン…etc.
赤いゾウ	ニクソン、レーガン、ブッシュ父子、トランプ…etc.

これが民主党と共和党の違い。支持層が変わりつつ

	基本方針	主な支持層	支持者が多いエリア	大事にしていること
民主党	福祉政策や経済政策に積極的で「大きな政府」を目指す	黒人、ヒスパニック、アジア系。ブルーカラー（肉体労働者）が多かったが、近年は高学歴や富裕層から支持されるように。	主に東西沿岸に近い都市部	多様性
共和党	政府の介入を最小限にする「小さな政府」を目指す	白人。キリスト教福音派。トランプ登場以降、高学歴な白人からブルーカラーへ。有色人種からの支持も増加傾向。	主に中西部の農村部	伝統

前をざっと見ただけでも、なんとなく平和主義的なイメージをもたれています。バイデンを除けば、全体的に若くして大統領になった人が多いですね。民主党は1792年に後の第3代大統領トーマス・ジェファーソンが立ち上げた「民主共和党」（1828年「民主党」に改称）が起源であり、その頃から福祉や保護を重視するというスタンスでした。**オバマ元大統領のように初の黒人大統領が誕生するのも民主党らしいともいえます。**しかし、かつては、南西部の独立自営農民層が支持基盤だったため、奴隷制度には賛成していたという側面もあります。

　共和党は1854年、奴隷制度に反対する北部の運動連合体として結党。アメリカは17世紀から1865年まで奴隷制度がありましたが、これは16世紀、スペインがアフリカ大陸から多くの黒人を南

アメリカの地政学

Question 02

民主党と共和党はどう違う？

A.02 都市部に支持者の多い民主党、農村部に支持者の多い共和党

北アメリカに連れてきたことが始まりです。彼らは大規模農園の労働力として劣悪な条件、環境のもと働かされてきたわけですが、そんな中、アメリカで内戦（南北戦争）が起こります。これはアメリカ南部と北部を分断して起きた戦争ですが、その中で奴隷制度存続の是非が問われました。共和党初の大統領エイブラハム・リンカーンは戦争中に奴隷解放宣言を発し、奴隷制度廃止を掲げる北軍が勝利を収めたため、制度は廃止されました。

共和党の代表的な歴代大統領はリンカーン、セオドア・ルーズベルト、リチャード・ニクソン、ロナルド・レーガン、ブッシュ父子、ドナルド・トランプとアメリカ・ファーストの信念をもつイメージがあります。奴隷を解放したことから、共和党は農村部に住む労働者から支持されてきたといわれており、**主な支持層は保守的な白人です。彼らにとって、脅威は移民です。**特にメキシコを経由してやって来る中南米の移民は雇用を脅かすため、移民制限を行う共和党を支持します。

一方、民主党の支持者は都市部に多く、黒人、ヒスパニック、アジア系などのマイノリティ（少数派）が主な支持層とされています。民主党のシンボルカラーは青、シンボルはロバ。共和党のシンボルカラーは赤で、シンボルは象です。よく大統領選挙の際に、州ごとの支持層を青と赤で色分けしますが、沿岸部は青、内陸部は赤で塗りつぶされることが多く見受けられます（⬇P33）。

民主党と共和党の違いは銃に対する姿勢にも表れています。アメリカ国内で、銃乱射事件が起こるたびに銃規制が論点に上りますが、いまだ進展はありません。これは民主党と共和党で銃に対する考え

Deguchi's Scorp

ニュースの「これまで」がわかる! 出口スコープ

人工中絶とアメリカ

アメリカで女性の人工中絶の権利が認められたのは1973年。ジェーン・ロー（当時の仮名）という女性が、テキサス州ダラス郡の地方検事ヘンリー・ウェイドに対して訴訟を起こして勝訴。人工中絶が憲法上の権利として認められました。ローさんはレイプによって望まぬ妊娠をしたため、中絶手術を受けようとしたのですが、テキサス州では禁じられていたため、訴訟に踏み切ったのです。これを「ロー対ウェイド判決」というのですが、2022年にこの判決が覆り、州ごとに中絶の可否を決められるようになりました。

が違うからです。銃の保有を支持するのは共和党。**共和党は全米ライフル協会（➡P56）を支持基盤にもつことから、銃規制に反対することが多いのです。**

そのほか、同性婚や人工中絶に対する考えも両党で分かれます。共和党の支持基盤はキリスト教福音派で、彼らが不道徳とみなす人工中絶や同性婚の是非についても選挙の争点になり、共和党はいずれも否定的です。特に人工中絶はキリスト教福音派の考えからすると「生まれていない罪のない人間を殺すこと」にあたるので、強い反発が起きます。一方、民主党は人工中絶を擁護《ようご》します。バイデンはロー対ウェイド判決が覆《くつがえ》った件について、トランプが大統領期間中に保守派（人工中絶反対派）の判事3人を指名したことを原因とし、「トランプは女性の自由と権利を奪った」と批判しました。

アメリカの地政学
Question 03

米大統領選挙はどうやって進む？

Answer 03

有権者の投票によって選挙人を獲得し、その人数によって大統領が決まる。

米大統領選挙の流れ

本選挙

【国民】

▼

州ごとに集計

A州　B州

▼

選挙人を割り振る

得票数が1票でも多い候補が、
その州に割り当てられた選挙人を総取りする。
※メーン州、ネブラスカ州は除く

A州：民主党候補者が総取り
B州：共和党候補者が総取り

▼

大統領決定

全選挙人の過半数である
270人以上を獲得した候補が当選。

アメリカは歴史を振り返っても、王族や貴族などがいませんでした。これは他国と比べて非常にユニークな点です。アメリカが移民によってつくられた国であり、市民がゼロから政治をつくり上げていったことの証左《しょうさ》です。むしろ、連合王国（UK）など欧州の統治制度に反発し、絶対的な民主主義の国をつくろうとして

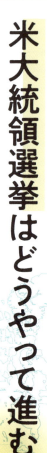

基本的に沿岸部は民主党、内陸部は共和党の候補が勝つことが多い。固定票は拮抗《きっこう》しているため、スイングステート（激戦州）を制した者が大統領選挙を制する。

州ごとにどちらの党が強いかを示した図

赤：共和党候補　青：民主党候補
橙：スイングステート
※過去の選挙結果をもとに編集部作成

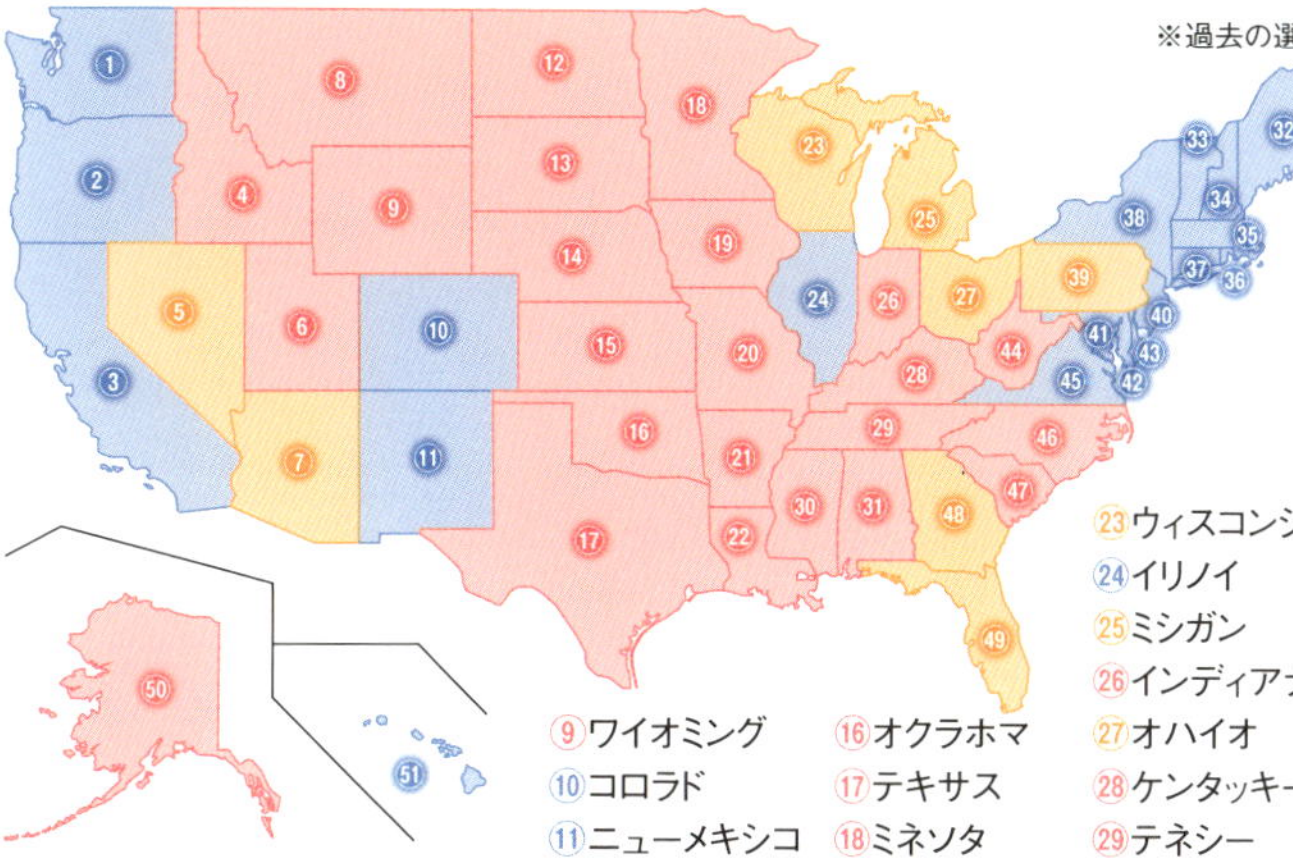

①ワシントン
②オレゴン
③カリフォルニア
④アイダホ
⑤ネバダ
⑥ユタ
⑦アリゾナ
⑧モンタナ
⑨ワイオミング
⑩コロラド
⑪ニューメキシコ
⑫ノースダコタ
⑬サウスダコタ
⑭ネブラスカ
⑮カンザス
⑯オクラホマ
⑰テキサス
⑱ミネソタ
⑲アイオワ
⑳ミズーリ
21アーカンソー
22ルイジアナ
23ウィスコンシン
24イリノイ
25ミシガン
26インディアナ
27オハイオ
28ケンタッキー
29テネシー
30ミシシッピ
31アラバマ
32メーン
33バーモント
34ニューハンプシャー
35マサチューセッツ
36ロードアイランド
37コネチカット
38ニューヨーク
39ペンシルベニア
40ニュージャージー
41コロンビア特別区
42メリーランド
43デラウェア
44ウェストバージニア
45バージニア
46ノースカロライナ
47サウスカロライナ
48ジョージア
49フロリダ
50アラスカ
51ハワイ

きたわけです。日本では、内閣のトップである首相は、私たちに代わり国会議員たちが選んで決めますが、アメリカ大統領は国民が直接選んで決めます。そして、**それまで政治に全く関わっていなくとも大統領になれるのがアメリカ政治の特徴です。**トランプは大統領になるまで、実業家でした。それが国民に選ばれ、大統領となったのですから、「究極の民主主義」ともいえます。

アメリカではどのようにして大統領を決めるのか、その流れを見ていきましょう。**アメリカの大統領選挙は4年に1度、夏季オリンピック・パラリンピックと同じ年の11月に行われます。**大統領の任期は4年、規定により同じ人物が3選されることは禁じられており、最長で務められるのは連続、返り咲きを問わずに2期8年です。候補者はアメリカ生まれの35

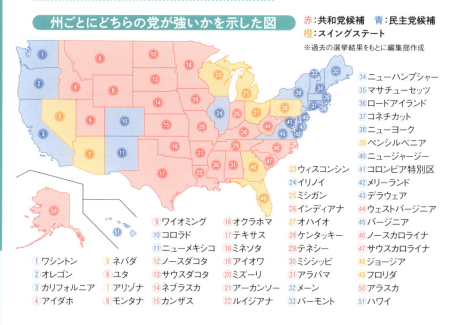

アメリカの地政学
Question 03

米大統領選挙はどうやって進む?

A.03 有権者の投票によって選挙人を獲得し、その人数によって大統領が決まる。

歳以上で、14年以上アメリカに居住していることが条件と憲法第二章第一条で定められています。

候補者は各党内で絞り込まれるので、候補者たちは全米で州ごとに行われる予備選挙、党員集会で支持を得るために活動します。予備選挙では、各州で有権者が無記名で党の候補者としてふさわしい人の名前を書いて、票を投じます。党員集会は集まった支持者が演説を聞き、挙手などで候補者の勝敗を決めるイベントです。日程は州によって違いますが、予備選挙や党員集会が集中する2月または3月上旬の火曜日を**「スーパーチューズデー」**と呼び、予備選挙と党員集会の最大の山場となります。多くの支持を得た候補者が党の全国大会を経て、正式に大統領候補者として選出されます。

そこから11月に本選挙が行われます。有権者は候補者に投票し、その結果を州ごとに集計。メーン州とネブラスカ州以外は**勝利した候補者はその州の「選挙人」を全て獲得します。**選挙人は全米で538人で、過半数の270人以上を獲得すると、大統領として選ばれるのです。

選挙人の数は全米50州と首都ワシントンD.C.（コロンビア特別区）に割り振られます。カリフォルニア州だと55人、テキサス州だと38人といったように人口の多い州は選挙人を多く割り振られ、それらの州で勝つと、大統領選挙を一気に有利に進められます。オール・オア・ナッシングなので、どれだけその州で僅差《きんさ》でも、負ければ選挙人の獲得数は0ということになります。つまり、**総得票数が上回っても、選挙人の数で落選することもあるということ。**2016年の大統領選挙では民主党候補のヒラリー・クリン

Deguchi's Scorp

ニュースの「いま」がわかる！ 出口スコープ

企業買収騒動の裏にも選挙が!?

日本製鉄によるUSスチール買収に関して、2024年1月にトランプが「私なら即時に阻止する」といい、約1か月後バイデンも反対の立場を示し、同年9月にはバイデンが買収を阻止するという報道が出ました。大統領が一企業の買収に対して口出しをすることは稀ですが、実はUSスチールの本社があるのはペンシルベニア州で、ここはスイングステート。2016年の大統領選挙では、この州を獲ったトランプが当選。2020年では、この州を獲ったバイデンが当選。まさに選挙の命運を握る州なので、国のトップも無視できなかったのです。

トンが全米で約６５８５万票を獲得し、共和党候補トランプの約６２９８万票を上回ったものの、選挙人の数は２３２人対３０６人となり、敗れました。この大統領選挙を選挙人制度で争うシステムはアメリカ独特のものです。

また、ほとんどの州では強い政党が伝統的に定着しています。カリフォルニア州とニューヨーク州は民主党、テキサス州は共和党の支持者が多い州です。**ただ、中には勢力が拮抗する激戦州（スイングステート）もあり、「スイングステートを制する者が大統領選挙を制する」といっても過言ではありません。**スイングステートの代表例はフロリダ州です。フロリダ州は共和党支持者が約39%、民主党支持者が約33%、無党派層が約26%も占めています※2。この無党派層をいかに取り込むかが極めて重要になるのです。

アメリカの地政学
Question 04

大統領選挙後、アメリカ政治は世界にどのような影響を与える？

Answer 04

どちらの候補が当選しても、孤立主義・保護主義のスタンスに世界は翻弄《ほんろう》される。

民主党候補と共和党候補、どちらが日本にとって良い、悪いとは断言できませんが、**近現代のアメリカを追っていくと、大統領選挙後にアメリカ政治がどう振る舞うか、大まかな予測はできるでしょう。**

　意外に思えるかもしれませんが、基本的にアメリカはシーパワー国家ですから、

近現代のアメリカ

孤立主義

【1914年】
第一次世界大戦勃発。
アメリカは中立を表明。

介入主義

【1917年】
ルシタニア号事件をきっかけに、連合国側として第一次世界大戦に参戦。

孤立主義

【1918～1941年】
第一次世界大戦後、国際連盟には不参加。ブロック経済を敷く。1939年、第二次世界大戦が起こるも、真珠湾攻撃を受けるまでは参戦せず。

「孤立主義」と「介入主義」で揺れ動いてきた

介入主義

【1941～2013年】

朝鮮半島、ベトナム、イラク、ユーゴスラビア、アフガニスタン…
「世界の警察官」としてあらゆる国と地域に介入。

孤立主義

【2013年～】

オバマが「アメリカは世界の警察官ではない」と演説。
シリア、アフガニスタンから米兵を撤退。
ロシアのウクライナ侵攻にも軍事介入はせず。

民主党候補が大統領になっても、共和党候補が大統領になっても、孤立主義はしばらく変わらない

外交よりも内政重視のリーダーが多く（➡P17）、**20世紀初頭は、他国や国際的な枠組みには不干渉とする「孤立主義」の姿勢が強かったのです。**実際1914年から、連合王国（UK）を中心とする「連合国」とドイツを中心とする「同盟国」が対立した第一次世界大戦が始まりますが、アメリカは中立の立場を表明します。

しかしそんな中、アメリカの外交姿勢が翻《ひるがえ》る転機が訪れます。1915年、ドイツの潜水艦が連合王国の豪華客船を撃沈した際、多数のアメリカ人が犠牲になってしまいました（ルシタニア号事件）。この事件を受けて、国内でドイツへの反感が高まります。世論に逆らえなくなったウィルソン大統領主導で、アメリカは1917年4月にドイツへ宣戦布告を行い、第一次世界大戦に参戦したのです。

1919年6月、ヴェルサイユ条約が

アメリカの地政学

Question 04

大統領選挙後、アメリカ政治は世界にどのような影響を与える?

A.04 どちらの候補が当選しても、孤立主義・保護主義のスタンスに世界は翻弄される。

締結され第一次世界大戦が終結し、１９２０年に国際連盟が発足します。ところが、設立の提唱者であったウィルソン大統領のアメリカは国際連盟に参加せず、再び孤立主義に戻ることとなりました。

その後１９２９年、世界恐慌（アメリカで株価が暴落したことをきっかけにした世界的な不景気）が起きます。アメリカは、ヨーロッパ列強諸国と同様に、同盟国と植民地を優遇し、それ以外の国に対しては高い関税をかける**「ブロック経済」を敷き、経済的な孤立主義（保護主義）を強めました。**ムッソリーニやヒトラーらのファシズムの台頭に対しても、不介入を続けていきました。ところが、ヨーロッパではナチスドイツが、アジア太平洋では日本が勢いづき、無視できなくなったアメリカは、真珠湾攻撃を受けて、第二次世界大戦に参戦。戦後は、連合王国と国際連合の設立を主導し、アメリカは自国の影響力を世界中に広げようとします。**アメリカの「介入主義」の本格的なスタートです。**

以降、アメリカは朝鮮半島、ベトナム、中東など、リムランドに位置する他国への介入を推し進めてきました。しかし、G・W・ブッシュ大統領によるアフガニスタンやイラクでの戦争が長期化。米兵は疲弊し、国内でも厭戦《えんせん》ムードが広がります。その流れを受け、オバマが大統領に当選すると、自国でシェールオイルやシェールガスが採掘できるようになった背景もあり、中東に対し不介入の路線に舵《かじ》を切ります（⬇P40）。２０１６年に当選したトランプも孤立主義路線を強め、２０２０年に当選したバイデンは、トランプよりは孤立主義の色が薄いですが、アフガニスタンからの米軍撤退を決定す

Deguchi's Scorp

ニュースの「これまで」がわかる！出口スコープ

ブロック経済からの反省

1929年、世界恐慌によって輸出不振に陥った列強国は、それぞれ経済圏（ブロック）を形成しました。しかし、国内資源や植民地などを「もたざる国」は排他的な世界経済の中で苦しみます。どんな理由であれ、戦争を正当化することはできませんが、このブロック経済によって「もたざる国」は、自らの経済圏をつくるために他国への侵略と支配を試み、これが第二次世界大戦の一因になってしまいました。このことをアメリカや西欧諸国は反省し、戦後、自由貿易を推進していくことになるのです。

るなど、**今のアメリカは基本的に孤立主義のスタンスが強いといえます。**この点は、民主党候補がトップに就こうが、共和党候補がトップに就こうが、大きく異なることはありません。

また近年、アメリカは軍事面だけでなく、経済面でも孤立主義・保護主義的スタンスをとっています（➡P44）。現に、トランプは2018年、鉄鋼製品の大量輸入は安全保障上の脅威として、日本などを対象に追加関税を発動しました。その後、同盟国の日本に対しては、鉄鋼製品の一部について追加関税が免除されましたが、今後どう転ぶかはわかりません。

いずれにせよ、**ハリスとトランプ、どちらが当選しても日本にはあまりいい影響はないということはいえそうです。**

アメリカ北方軍
司令部 コロラド州ピーターソン空軍基地（アメリカ）
ピーターソン
タンパ
マイアミ
アフ島
アメリカ南方軍
司令部 フロリダ州マイアミ（アメリカ）

司令部が異なる。

アメリカが「世界の警察官」を辞めたのはなぜ？

Answer 05

自国で原油がとれるようになり、中東に介入する必要性が減ったから

「世界の警察官」とは経済、軍事ともに強い力をもち、世界秩序を維持する役割を担う大国のことを指します。国際法上、どの国も平等であると定められているので、この世界の警察官というポジションは国際的に正式なものではありません。世界の警察官の主な役割としては、自国以外に軍事体制を展開し、監視・介入す

約37万もの米兵が国外に派遣されている。世界中はおろか、「アメリカ宇宙コマンド」という宇宙空間での作戦・戦闘を前提とした軍隊もある。

アメリカ欧州軍
司令部 シュトゥットガルト（ドイツ）
シュトゥットガルト
アメリカインド太平洋軍
司令部 ハワイ州オアフ島（アメリカ）
アメリカアフリカ軍
司令部 シュトゥットガルト（ドイツ）
アメリカ中央軍
司令部 フロリダ州タンパ（アメリカ）

各エリアで担当している軍と

るのです。昔は連合王国（UK）がそう呼ばれたこともありましたが、**第二次世界大戦以降はアメリカを世界の警察官と呼ぶようになりました。**これまで、ベトナムやパナマへの介入を見せてきましたが、アメリカが本格的に世界の警察官を担うことになったのは、1991年にソ連が崩壊し、超大国がアメリカ一国になってからという考え方もあります。これは、G・H・W・ブッシュ政権時代で、湾岸戦争が勃発した時期です。覇権国としての立場を決定的なものにしたかった狙いもあるでしょう。

実は、アメリカが他国を植民地化する目的で軍事介入したことは稀です。あくまで（アメリカ視点からの）世界秩序を乱す国に対し制裁を加えてきたというのがアメリカのスタンス。どこかで争いが起きれば、それを収束させるために介入

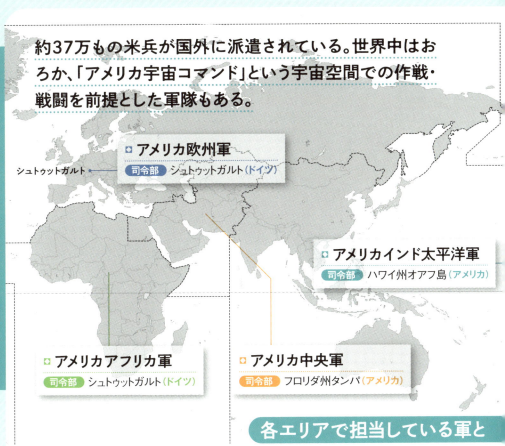

アメリカの地政学
Question 05

アメリカが「世界の警察官」を辞めたのはなぜ？

A.05 自国で原油がとれるようになり、中東に介入する必要性が減ったから

するといったところでしょうか。
日本にも米軍基地がありますし、現在も45ヵ国以上にアメリカの基地があります。世界中をアメリカが見張っているというイメージがある一方、2013年、これまでの常識を覆すようなことがありました。当時の大統領であったオバマが、「もはやアメリカは世界の警察官ではない」と演説したのです。この言葉はシリアの化学兵器使用疑惑に関係して発せられたものです。シリアはアサド大統領のもと、長らく内戦が続き、なおかつサリンなどの化学兵器を使用して非人道的な攻撃を続けてきました。それを強く批判してきたオバマ大統領はシリアへの軍事介入を見送ります。化学兵器が使用される危険を伴う戦場への派兵に、国内の反対世論が高まり、軍事介入に踏み切ることはできなかったのでしょう。

さらに、オバマが「世界の警察官ではない」と発言したことには、もう一つの背景があります。それは、シェール革命です。それまでアメリカはエネルギー確保のため、中東を守ってきました。しかしアメリカは自国内でシェールガスやシェールオイルの生産に成功し、中東から石油を輸入しなくてもよくなりました。そのため、中東を守る必要がなくなり、「世界の警察官」を辞めると宣言することができたのです。それから10年以上経ち、膨らむ派兵コストを削減する目的もあり、バイデン政権はアフガニスタン駐留米軍を撤退させました。

シーパワー国家であるアメリカはランドパワーである中東をうまく制することができませんでした。アメリカは過去にもベトナム戦争で同じ失敗をしています。P16にも記載しているように、基本的に

Deguchi's Scorp

ニュースの「いま」がわかる! 出口スコープ

現在も「世界最強」の米軍

P41を見ればわかるように、世界をカバーしている米軍。特に、海軍は太平洋、大西洋、インド洋などに、「第2艦隊」から「第7艦隊」まで展開しており、世界の海を監視しています。ちなみに、横須賀基地を母港としていた第7艦隊の原子力空母ロナルド・レーガンは約5000人を収容でき、艦内にはスターバックスや理容室もあります。アメリカの軍事費は世界一で、世界の軍事費の約4割をアメリカが占めます。2位の中国の軍事費はアメリカの約3分の1なので、今もなお米軍が圧倒的な存在感を放っていることがわかります。

シーパワーの国家は領土の支配が得意ではないといわれています。島国なので、他国を支配しようとすると、飛び地となってしまうからです。ランドパワーが地続きの他国を支配するようにはうまくいきません。

　ちなみに、第二次世界大戦後はアメリカの「飛び地支配」がしばらくうまくいきましたが、ベトナムや中東への介入では苦い結果を生んでしまいました。

　世界の警察官を完全に辞したわけではないですが、近年不干渉路線を続けるアメリカが中東での存在感を減らしたことで、IS（イスラム国）が跋扈《ばっこ》するなど、中東は不安定化しました。さらに、ロシアのウクライナ侵攻、ハマスとイスラエルの大規模衝突が起こり、国際社会は混迷を深めました。

アメリカの
地政学
Question 06

アメリカが中国と貿易戦争をした理由は？

Answer 06

国内の雇用を守りたいから

トランプ政権時代の2018年頃から、米中貿易摩擦が起きました。その要因は対中貿易赤字の大幅な拡大と、中国製品にアメリカ製品が負けてしまい、アメリカ国内の雇用を失ったからです。私たちにも、メイド・イン・チャイナは非常にリーズナブルなものだというイメージがありますよね。ダンピング輸出（物品を

アメリカと貿易体制の歴史

1947 **GATT（関税及び貿易に関する一般協定）の締結**
関税引き上げなどの貿易制限を廃止し、自由貿易を国際的に推進する。

1995 **WTO（世界貿易機関）の設立**
国家間の貿易の規則を取り上げる唯一の国際機関。貿易紛争の調停なども行う。

2001 **中国がWTOに加盟**
2012年にはロシアも加盟。

第二次世界大戦後、アメリカが中心となり、自由貿易体制を構築。中ロもWTOに引き入れたのは、「自由貿易の中で経済成長をすれば、いずれ民主主義の国になる」と考えたから。

しかし、結果は正反対。特に、中国はアメリカに次ぐ経済大国に成長したが、習近平《しゅうきんぺい》国家主席による独裁体制はより強固なものに。さらに中国製品がアメリカ製品を押しやることで、アメリカ国内の雇用が失われた。

米中貿易戦争へ

トランプ関税

2018〜2019

知的財産権の侵害を理由に、2018年から制裁を開始。2019年には、2000億ドル相当の中国製品に対する関税を10%から25%に引き上げ。

バイデン関税

2024

中国産EV関税を100%に引き上げ。ソーラーパネルへの関税は25%から50%に、特定の鉄やアルミ製品は7.5%以下から25%へ引き上げ。

⋮

To Be Continued

輸出先の国内価格より安い価格で輸出すること）や政府補助金を追い風に、中国製は価格競争力の面で秀《ひい》でています。以前、中国製には「安かろう悪かろう」というイメージがありましたが、技術力を伸ばし、今では廉価で質が担保された製品を輸出しているのです。同じ製品で同じようなクオリティなら安いほうを買う、そのように中国製品は世界中で重宝されるようになりました。

　アメリカも同様に、その恩恵を受けていたのですが、**メイド・イン・チャイナはアメリカの想定以上に勢力を伸ばしてきました。**鉄鋼やアルミニウムの半分以上が中国で生産されていますし、EV（電気自動車）の価格を見ても、アメリカのテスラ製よりも中国企業のBYD製のほうがはるかに安価なのが事実です。加えて、アメリカは中国のことを自国の安全

アメリカの地政学
Question 06

アメリカが中国と貿易戦争をした理由は?

A.06 国内の雇用を守りたいから

を脅かしかねない「敵対国」の一つと位置付けています。**敵対国の製品に依存するのは極めてリスクが高いことです。**

そんな中、中国製品の進出に待ったをかけたのがトランプでした。トランプは大統領になる前から「アメリカの貿易赤字は悪である」と主張していたこともあり、労働者階級とりわけ製造業に従事する人から支持されていました。トランプは支持層の雇用を守るため、まず鉄鋼に関税をかけることにします。そして２０１８年７月には、ロボットなど約８００品目３４０億ドル相当に25%、翌８月には半導体など約３００品目、１６０億ドル相当に25%の関税をかけました。

もちろん中国も黙ってはいません。やられたらやり返すといわんばかりにアメリカから輸入していた大豆、牛肉など約８００品目５００億ドル相当に関税をかけました。そうなるとトランプも報復に出ます。さらに中国に対し家具、自動車など約５７００品目２０００億ドル相当に関税をかけました。これにより、中国から輸入する約半分の品目に関税が課せられました。新たに中国も、液化天然ガスなど約５２００品目６００億ドルに関税をかけました。これはアメリカからの輸入品の約70%です。

まるで子どものケンカのような関税合戦ですが、消費者にとってはたまったものではありません。**エスカレートしていくうちに家電や靴などにも関税が課せられました。**代表的なものでいえば、ナイキのスニーカーやiPhoneです。これらは中国で製造され、アメリカに輸入されていましたが、高い関税によりアメリカ国内での価格を値上げせざるを得なくなりました。ナイキもアップルもアメリカ

Deguchi's Scorp

ニュースの「これから」がわかる！ 出口スコープ

両損する米中

もともと自由貿易の旗振り役は他ならぬアメリカでした。世界恐慌の後の急速な保護主義化が独裁者を生み、世界を戦争へと導いた反省から、第二次世界大戦以降のアメリカは自由貿易を推進してきました。しかし、1980年代には日本に対して貿易戦争を仕掛け、近年は中国に対して強硬的な保護主義を展開しています。この姿勢はトランプだけでなく、民主党も中国に対して厳しい姿勢を見せています。保護主義を進めると、結局、アメリカも損をすることになりかねませんが、今後しばらくこの流れは続いていくでしょう。

企業のため、この関税には猛反発しました。しかし、トランプは「それならばアメリカ国内の工場でつくればいいじゃないか。雇用も増えてプラスになる」と旧ツイッター（現X）で投稿し、物議を醸《かも》しました。この影響は当然、日本にも及んできました。日本にとって中国もアメリカも大事な貿易相手です。例えば、iPhoneの中身である半導体や電子部品は、日本の企業が中国の工場でつくっています。中国国内に工場をもつ日本企業は多いわけですから、その製品に高い関税がかけられると、日本にとっては大きなダメージです。

　2024年、バイデンも中国に新たなEV関税をかけました。**共和党も民主党も中国に対して厳しい姿勢をとることには変わりません。**米中の貿易戦争が終わる気配はしばらくなさそうです。

アメリカの地政学
Question 07

トランプが支持されるのはなぜ？

Answer 07

白人の不満をうまくすくい上げたから

Ｐ44でも触れましたが、トランプは断固としてアメリカ・ファーストを貫いています。海外からの輸入品に頼らず、自分たちの国に工場を建てて、製品をつくろう！というスタンスなので、工場で働く労働者（ブルーカラー）からは受けがいいのです。

アメリカは2008年のリーマン・シ

「3つのベルト」

シルベニア州

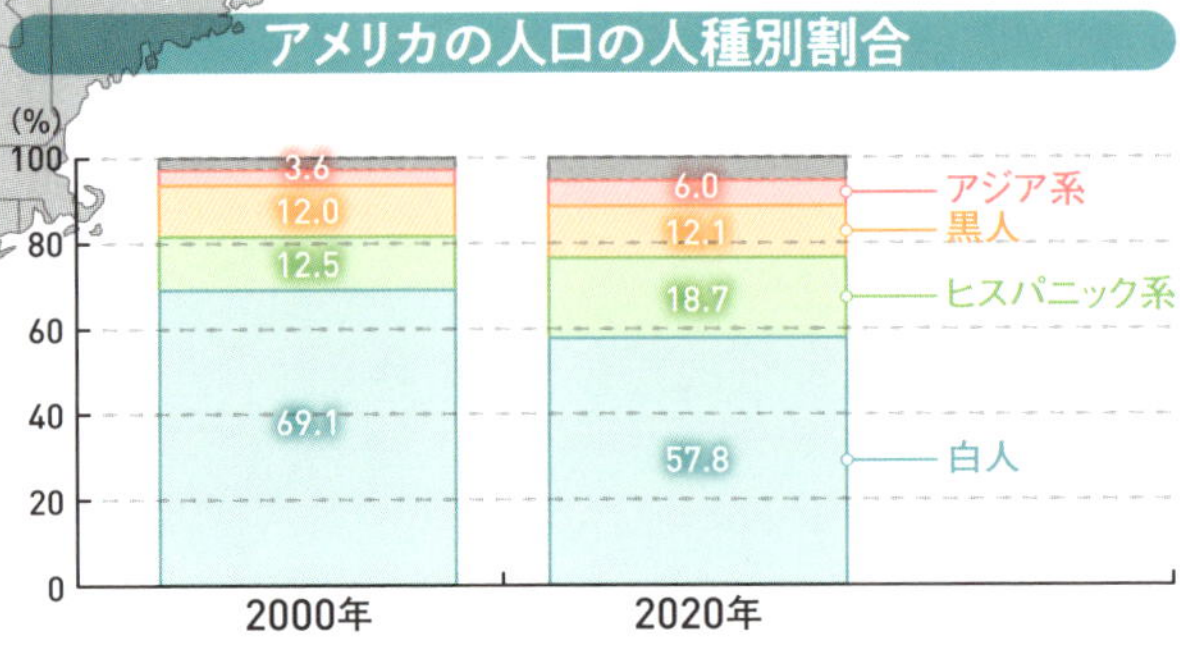

※How Has Our Nation's Population Changed?. United States Census Bureauより作成

2045～2050年には
白人が半数を割る見込み

大統領選挙のカギを握る

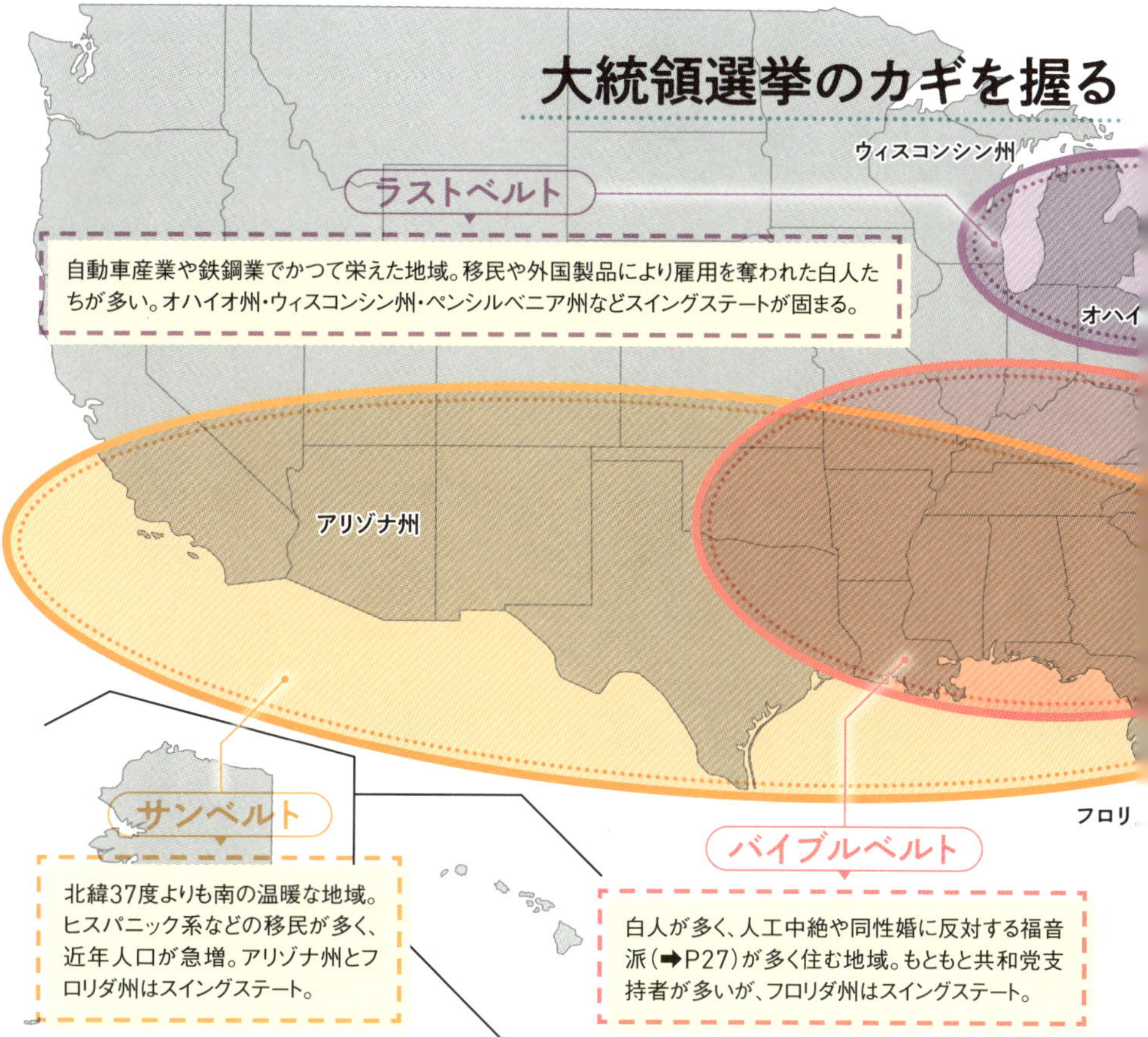
ウィスコンシン州
ラストベルト
オハイ
アリゾナ州
サンベルト
フロリ
バイブルベルト

自動車産業や鉄鋼業でかつて栄えた地域。移民や外国製品により雇用を奪われた白人たちが多い。オハイオ州・ウィスコンシン州・ペンシルベニア州などスイングステートが固まる。

北緯37度よりも南の温暖な地域。ヒスパニック系などの移民が多く、近年人口が急増。アリゾナ州とフロリダ州はスイングステート。

白人が多く、人工中絶や同性婚に反対する福音派（➡P27）が多く住む地域。もともと共和党支持者が多いが、フロリダ州はスイングステート。

ョック以降、大量の失業者を抱えてきました。その中で中国経済が台頭し、中国からの輸入が増え、アメリカ国内の雇用は奪われ、失業者はますます増えるという負のループに陥ってしまったのです。そんな時に現れた救世主がトランプでした。**トランプは、中国をはじめEUや日本に対しても追加関税をかけ、国内製品の保護を推し進めました。**加えて、メキシコからの不法移民の入国を徹底して制限し、より安価な労働力である移民によって、国内の雇用が奪われないようにしました。

トランプを支持するのはブルーカラーだけではありません。トランプを支持する人たちのことをトランピアンと呼びますが、彼らの特徴としては地方に住む白人で、非インテリ層であること。彼らは、銃規制、移民受け入れ、女性大統領など

アメリカの
地政学
Question 07

トランプが支持されるのはなぜ?

A.07 白人の不満をうまくすくい上げたから

に反対し、キリスト教プロテスタント(福音派)が多いのです。

実は、アメリカ国内で白人がマイノリティになる未来もそう遠くはありません。2045年頃には白人がマイノリティになり、ヒスパニック、黒人、アジア系といった有色人種がマジョリティになる見込みなのです。その上、彼らを非難しようものなら、たちまち「差別だ!」といわれ、白人は肩身の狭い思いをしてきました。また黒人など差別されてきた人に対し、雇用、教育面で優遇する「アファーマティブ・アクション」という政策は**「弱者の特権」として、白人にはメリットがない、不公平だと強い反発を生みました。**そこで、黒人大統領であるオバマ政権下による移民受け入れによって職が奪われ、治安が脅かされていると感じていた白人層はトランプに救いを求め、2016年の大統領選挙では大方の予想を覆し当選を果たしたのです。

トランプは「移民流入を食い止めるためにメキシコとの間に壁をつくる」構想を訴えました。アメリカとメキシコの一部の国境沿いには既にコンクリートや鉄の壁がありましたが、トランプは実際に退任までに約250億ドルを投じて、堅牢な国境の壁(➡P159)を建設しました。なお、この壁は2020年にバイデン政権になり、一旦は中止されましたが、「トランプ時代に計上された予算を止めることはできない」と2023年に再開を認めています。

トランプの発言を聞くと、過激ではありますが、ある一定の層からすれば支持するだけの正当性と実行力はあると受け止められてきました。アメリカ・ファーストを唱え、アメリカ国内の労働環境の

Deguchi's Scorp

ニュースの「これまで」がわかる！ 出口スコープ

叩き上げのトランプ家

トランプ家のルーツはドイツにあるといわれています。トランプの祖父、フリードリヒ・トランプはドイツからの移民で、ババリア地方にあったバイエルン王国カルシュタットの貧しい家で生まれたようです。祖父はレストランと宿泊施設の経営で財産を築き、その息子でトランプの父フレデリック・トランプは不動産会社を起業。ニューヨークのブルックリン地区やクイーンズ地区で低所得者向けのアパートなどを建設していました。祖父、父ともに商才があり、そのDNAがトランプに受け継がれているようです。

整備を行ったおかげで失業率は一時、歴史的低水準となりました（しかし、コロナ禍によって失業率が上昇）。このことから労働者の間では根強い支持を得ているのです。さらに、2024年7月に起こった銃撃事件でトランプは怪我をしたものの、その場で聴衆に向かって拳を掲げ、「強いトランプ」をアピールし、人気はより熱狂的なものになりました。

一方で、トランプが大統領時代に行った所得税の最高税率の引き下げや法人税の引き下げは中所得層以下への恩恵が乏しいものでした。**「自分たちを救ってくれると思ったのに得をしているのは金持ちだけ」**という批判が相次ぎ、白人労働者が多いラストベルト（➡P49）の一角・ペンシルベニア州を落としたのが、2020年の大統領選挙の敗因の一つになりました。

アメリカの
地政学
Question 08

「ポストアメリカ」はどこ？

Answer 08

現時点では不在だが、中国がどこまでリーダーとなれるか

アメリカが世界の警察官を辞めると宣言し、経済面でも保護主義的傾向を強めつつある以上、世界のリーダーは事実上、不在ともいえます。１９８９年の冷戦時代までは、ソ連とアメリカが二大超大国として君臨していましたが、ソ連崩壊に伴い、超大国はアメリカだけとなりました。常に世界情勢に目を光らせていたア

各勢力の関係性

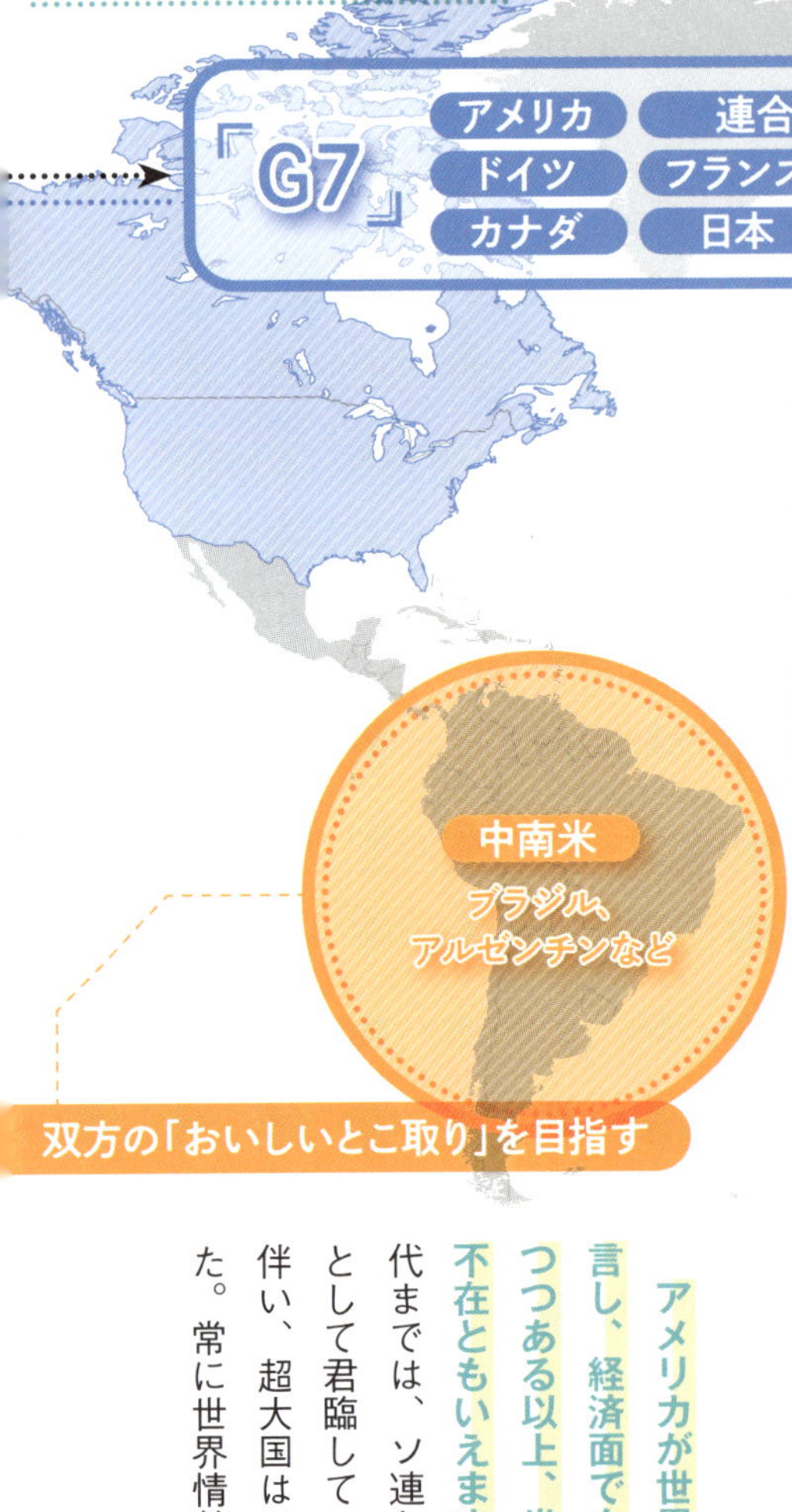
「G7」
アメリカ
連合王国(UK)
ドイツ
フランス
イタリア
カナダ
日本
中南米
ブラジル、
アルゼンチンなど
双方の「おいしいとこ取り」を目指す

グローバルサウスと

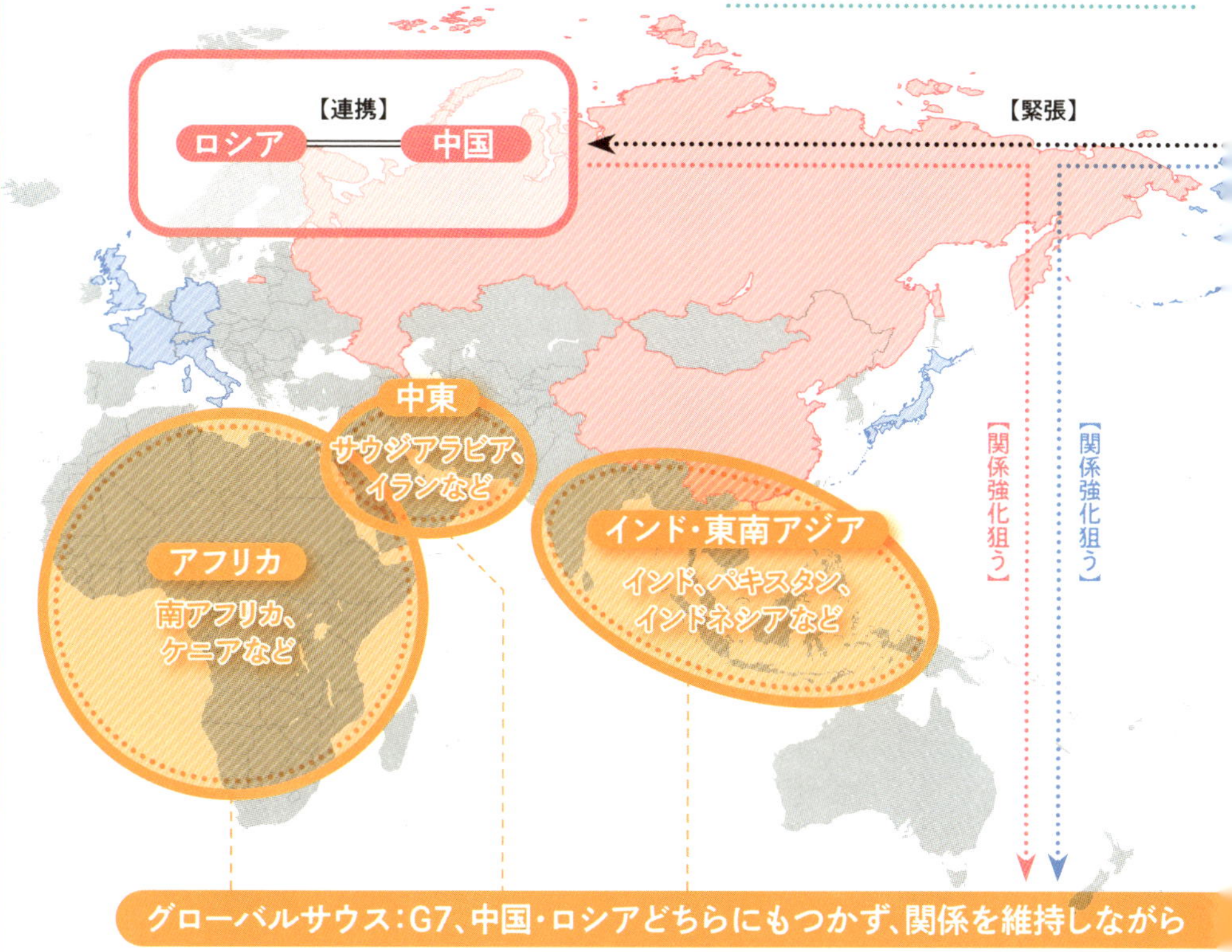
【連携】
ロシア
中国
【緊張】
【関係強化狙う】
【関係強化狙う】
中東
サウジアラビア、イランなど
アフリカ
南アフリカ、ケニアなど
インド・東南アジア
インド、パキスタン、インドネシアなど
グローバルサウス：G7、中国・ロシアどちらにもつかず、関係を維持しながら

メリカが世界の警察官を辞めつつあるわけですから、次のリーダーが現れない限りは世界秩序の先行きは見えません。

ここまで、世界の経済を引っ張ってきたのはG7（➡P159）です。**しかし、G7によるGDPのシェアは落ちており、世界全体の約40%程度です**（1990年代～2000年前半までは60%台）。2023年の名目GDPランキングを見ると1位はアメリカ、2位は中国で、G7のドイツは3位、日本は4位です※3。軍事力を見ても、アメリカ、ロシアに次いで中国が3位です※4。では、中国はアメリカの代わりになりうるのか。2017年、習近平国家主席はジュネーブの国連欧州本部で、アメリカとの新たな関係を構築し、中国が世界のリーダー的役割を果たすと演説しました。しかし同年、トランプが政権を握るとP44でも述べた

アメリカの地政学
Question 08

「ポストアメリカ」はどこ?

A.08 現時点では不在だが、中国がどこまでリーダーとなれるか

ように米中は貿易戦争を繰り広げました。さらに中国は少数民族のウイグル族を弾圧し、批判を浴びています。ロシアのプーチン大統領は2023年の訪中前に、インタビューで「(習近平は)間違いなく世界のリーダー(中略)信頼できるパートナーだ[※5]」として絶賛。中国はロシアのウクライナ侵攻の支援を続けています。G7外相はロシアの侵略戦争支援を止めるよう中国に要求しており、国際社会にとって中国は非難の対象でもあります。**となると世界のリーダーとして見るのは現時点で厳しそうです。**

今は不仲な米中ですが、長い目で見るとその関係は最悪とはいい切れません。その根拠となるのが中国からの留学生の数です。30年ほど前は中国からアメリカへ留学していた人の数は約4万人でした。しかし、2020年時点で約37万人と、9倍以上に激増しています[※6]。この人数はアメリカへの留学者数全体の3分の1を占めるのです。国家間は仲が悪くとも、個人の仲は別です。今の学生たちが将来、国を背負って立つリーダーとなった時、中国人はアメリカに対して好意的な印象をもっていることも考えられます。

アメリカは国土も広く、石油の生産量も世界一[※7]で、人口も増加しています。さらにGDPも軍事力も1位。**アメリカを差し置いて、世界のリーダーを新たに見出すのは厳しいのが現実です。**ただ、中国も人口は世界最大規模で資源大国です[※7]。将来米中がコンビを組むようなことが起これば、中国も世界のリーダーとして存在感を示す可能性がゼロではありません。

また、米中に次ぐ第三勢力として**「グローバルサウス」**が注目されています。

Deguchi's Scorp

ニュースの「これから」がわかる！ 出口スコープ

我が道を行くグローバルサウス

グローバルサウスの興味深い点として、先進国の政治的な動きに与《くみ》しないことが挙げられます。かつての第三勢力EU（欧州連合）は米ロ、米中の争いに大きく関与しましたが、グローバルサウスは必ずしもそうではなく、おいしいとこ取りを目指します。西側諸国による対ロ制裁に同調せず、インドはロシアからの石油輸入量を急拡大。2023年2月には、国連の「ロシア軍の即時撤退など求める決議採択」にインド、南アフリカなどが棄《き》権《けん》しました。彼らの台頭により、バランス・オブ・パワー（➡P14）が崩れることも考えられるのです。

グローバルサウスとは、ブラジルや南アフリカなど南半球に多い新興国の総称です。前述したように、G7の名目GDPの世界シェアは50％を切っており、1990年に66％※3だったことを考えると、G7の影響力は低下の一途《いっと》をたどると考えられます。そんな中、グローバルサウスの中核ともいえるインドは、名目GDPでは日本のすぐ後ろにつける5位であり、人口も中国を超え、世界一に。**さらに、2075年にはGDPトップ10のうち6ヵ国（インド、インドネシア、ナイジェリア、パキスタン、エジプト、ブラジル）がグローバルサウスになるとの予測をたてるレポートもあります**※8。人口減少する先進国と異なり、人口ボーナス（労働人口が増えることによる経済成長）も期待でき、グローバルサウスの存在感は増していく一方です。

Column 02

アメリカの銃規制はなぜ進まないの？

アメリカでは銃による痛ましい事件が後を絶ちません。人口は3億人余りですが、国内では4億丁を超える銃が出回っており、所持している成人も全体の40％を超えています。2024年7月のトランプ銃撃事件には、軽量で扱いやすい半自動小銃「AR15」が使用されました。アメリカ人は銃を実際に撃つというよりも、銃をもっていることで、相手は自分を攻撃しないという抑止力、つまり「銃はお守り」と考えています。しかし現実として、多数の銃撃事件が起きており、それにもかかわらず、銃規制が進まないのはなぜでしょうか。それはアメリカ憲法で武器保有権が認められているからです。憲法を変えればいいじゃないかと思うかもしれませんが、憲法を変えるのは容易ではありません。憲法修正は連邦議会の両院で3分の2の賛成を得て、なおかつ4分の3の州議会が批《ひ》准《じゅん》（承認）する必要があります。しかし、銃規制に関してアメリカ社会は分裂しています。共和党はNRA（全米ライフル協会）を支持基盤にもっており、会員数は全米で500万人以上、人口の約1.5％にあたります。NRAの言い分は「事件は銃が起こすのではない、人が起こすのだ」というもの。規制されれば、当然NRAの不利益になるので、選挙の支持基盤を楯《たて》に取ります。大統領選挙に向けて共和党とトランプはNRAの顔色を窺うので、銃規制に全面的に賛成することはできません。そのあたりが全米で銃規制が進まない要因ともいえます。

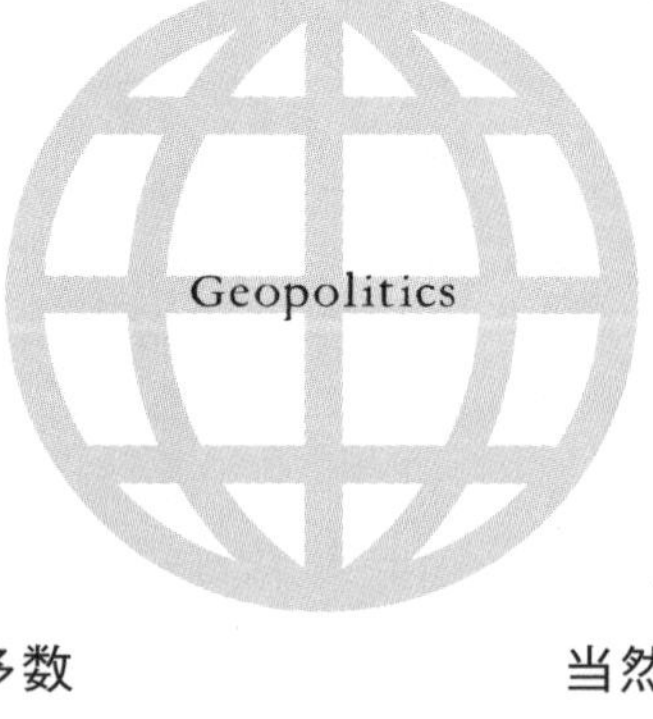

PART

3

これだけはおさえておきたい！

日本のニュースを地政学で解く

中国、北朝鮮、ロシア……
なぜ日本のまわりは
こんなにも騒がしいのでしょうか。
一番身近な
日本とアジアのニュースを
地政学から解き明かします。

日本の
地政学
Question 01

いまの日本の立ち位置は？

Answer 01

地政学的には「ソ連の防波堤」から「中国の防波堤」へ

日本はアメリカやロシア、中国などと比べると面積の小さな国かもしれませんが、世界約200ヵ国中第61位とそれなりの広さをもつ国です※9。人口は12番目の多さ※9ですし、経済面でいえば名目GDP（➡P159）は第4位※3です。気候は温暖で、森林も多く水にも困らず、魚や穀物も豊富にとれます（なお、食料

日本の世界的な立ち位置は後退

国際政治の世界ではアメリカとソ連が「二大国」として君臨したが、実は1968年以降、アメリカに次ぐ経済大国だったのは日本。バブル景気に沸き、1989年の企業の時価総額ランキングでは、TOP20のうち日本企業が14つも占めた（NTT、日本興業銀行［みずほ銀行の前身］など）。

2010年に中国に抜かれ、3位になってからも日本経済は低迷。2023年の名目GDPは4兆2112億ドル。ドイツよりも約2400億ドル少なく、4位に転落した。

名目GDPの推移

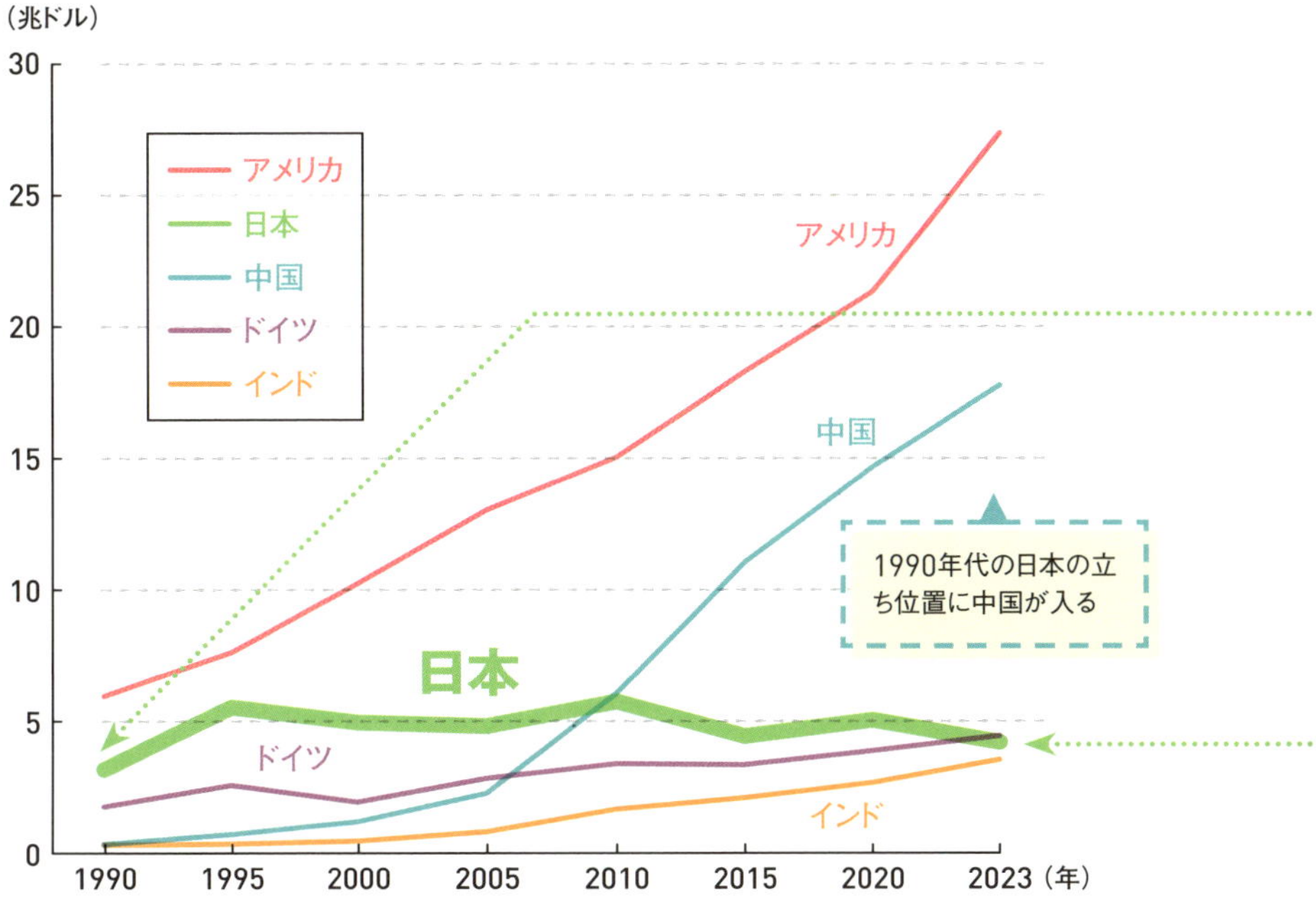

※WDI (World Development Indicators).World Bankより作成

自給率は低い）。江戸時代前期までは、金や銀も多く採掘されました。これらのことから、日本を「資源大国」と捉えることもできます。加えて、日本が大陸からの勢力を阻むことができ、他国から支配されなかった理由の一つには、日本海と太平洋に囲まれているシーパワー国家である点があげられます。様々な角度から見ても、日本は地理的に恵まれている国といえるでしょう。

また、第二次世界大戦後、日本はアメリカに支配される形になりましたが、これもシーパワーであることが大きく関係しています。**アメリカはシーパワー国家なので、本来は領土支配が得意ではありません（➡P16）。**アメリカは日本を完全に植民地化することなく、ソ連共産主義に対する「防波堤」として利用すべく、日本を防衛しました。安全保障問題をア

日本の
地政学
Question 01

いまの日本の立ち位置は?

A.01 地政学的には「ソ連の防波堤」から「中国の防波堤」へ

メリカに一任した日本は経済活動に邁進《まいしん》することができ、高度経済成長を経て、経済大国になったのです。

その後、日本は世界で驚異の国となりました。1970年代後半から1980年代初頭、日本でも流行語になった『ジャパン・アズ・ナンバーワン』という書籍があります。これはハーバード大学のヴォーゲル教授が1979年に出版し、アメリカでベストセラーとなりました。大戦後、日本は高度経済成長期を経て復活し、特に家電の面では、日本製品が世界中で売れに売れ、その品質の高さから、家電大国として名を馳せていました。ヴォーゲル教授は、これを日本人の勤勉さ、学習意欲、日本的経営、経済、社会制度の点から「日本は世界で最も優れた国である」と評したのです。日本は元来農耕民族であり、集団で何かをすることに長《た》けていたことから、黙ってコツコツと仕事をする勤勉性を身につけました。だからこそ、日本は1968年に国民総生産(GNP)で第2位となり、世界で存在感を示してこれたのです[※10]。

ところが、1990年代にバブルが崩壊し、2000年代になると頭角《とうかく》を現した中国に迫られます。2010年代にGDPは中国に抜かれて世界第3位になり、2023年にはドイツにも抜かれ、4位となりました。中国もドイツもランドパワー国家です。特に中国はランドパワーの雄《ゆう》に成長し、いま現在圧倒的影響力をもっています。そんな中、経済面で日本の立ち位置が後退していることは否定できません。

地政学的に見ても日本の立ち位置はかなり微妙です。隣に中国と北朝鮮、上を向けばロシアがいます。日本が四面楚歌《しめんそか》

Deguchi's Scorp

ニュースの「これから」がわかる! 出口スコープ

日米同盟はいつまで続く?

安全保障の世界では、常に「最悪のシナリオ」を想定する必要があります。現在「対中」の観点から、アメリカは日本の存在を重要視していますが、アメリカ自体は広大な国土と豊富な資源を有し、自国で充分生きていけます。そのアメリカが「孤立主義」(➡P36)を強め、日本を軽視すればどうなるでしょうか。日本にとってはアメリカこそが最重要の同盟国ですが、アメリカにとって日本が重要でなくなる恐れもあるのです。そのリスクと向き合うことが、現実的な安全保障体制構築の第一歩かもしれません。

にならないためには、彼らと関係が良好ではない台湾やインド、フィリピン、オーストラリアなどと協力することが重要です。実際に2007年から、インドとオーストラリアとはQUAD(⬇P95)という戦略的同盟を結んでいます。この同盟はアメリカも含まれており、参加する国すべてがシーパワー国家です。

また、ソ連が崩壊した今、アメリカの脅威となるのは中国です。中国は世界第2位の経済大国であり、太平洋進出を狙っています。アメリカにとって、中国をおさえる意味で、日本の地理的条件は極めて好都合といえます(⬇P78)。

日本の立ち位置は「ソ連の防波堤」から「中国の防波堤」へと変わっているのが現状なのです。

日本の地政学
Question 02

歴史的円安はなぜ起こった？

Answer 02

日米の金利差が要因

ここ数年、ますます日本国内で外国人観光客の姿を見るようになり、実に多種多様な言語が観光地で飛び交っています。たしかに、外国人観光客にとって日本はいい国かもしれません。街は清潔で治安も良く、円安で物価は安いです。アメリカでラーメンを1杯食べようものなら2000円以上するというのに、日本は1

強いアメリカドル

※ユーロ、ポンドもドルに対して下落。
スイス・フランやスウェーデン・クローナにいたっては、日本円以上に下落した

アメリカの景気がコロナ禍から急回復したことが背景

その一方で、
インフレも加速

FRBは、インフレを
抑制するため
利上げを繰り返す

日本
2024年3月、円安を是正《ぜせい》するために日銀はマイナス金利を解除。4～5月には、為替介入を実施

「ドル高円安」が生まれるメカニズム

日本	アメリカ
政策金利 0〜0.1％	政策金利 5.25〜5.5％

※2024年7月30日時点

投資家 アメリカのほうが金利が高いなら **アメリカの銀行に預けよう**

＋

投資家 株価がどんどん上がっているから **アメリカ企業の株を買おう**

↓

円を売ってドルを買う動きが加速し、ドル高円安に。為替介入をしても焼け石に水だった

000円程度でおいしいラーメンが食べられます。逆に日本人からすると円安なので、気軽に海外旅行ができない時代になってしまいました（かつては、2011年10月に1ドル＝75円32銭を付けたこともありました）。

なぜ、円安は起こったのでしょうか。**そもそもの要因はアメリカと日本の金利差にあります。**

アメリカはコロナ禍で緊急事態宣言を発動した2020年に、景気対策として政策金利を0％に誘導する「ゼロ金利政策」を行ってきました。「政策金利」とは、国の中央銀行が設定する全体の基準となる金利だと考えてください。しかしそのことで、記録的なインフレが起こりました。アメリカの中央銀行にあたるFRB（連邦準備制度理事会）はインフレをおさえ込むために2022年3月にゼロ金

歴史的円安はなぜ起こった?

日本の
地政学
Question 02

A.02 日米の金利差が要因

利政策を解除し、政策金利を引き上げることで景気の引き締めを行いました。**日本も長らく冷え込む景気回復のため、金利を引き下げてきました。**２０１６年１月から「マイナス金利政策」（⬇Ｐ１５８）がスタート。金利が下がることで企業はお金が借りやすくなり、結果、景気は緩やかな回復傾向にありました。そんな中、アメリカが政策金利の引き上げを行ったのに対し、日本は引き下げを継続しました。当然、投資家の間では、日本の銀行に預けているお金をアメリカの銀行に移そうとします。さらに、アメリカの株価の上昇が著しかったため、アメリカ株を購入する流れも加速します。そうなると、**「円からドルに交換する動き」が強まるので、ドル高円安になったのです。**しかし、日本も簡単に政策金利を上げられない事情があります。例えば金利を上げれば、人々はお金を借りることを控えて、預金するようになることが想像つくかと思います。つまり、**金利を上げることには経済を落ち着かせる効果があります。好景気なら金利を上げられますが、金利を上げられるほど今の日本経済が芳《かんば》しくないのも事実。**円安になっているものの、簡単に金利を上げることはできない背景があったのです。

　とはいえ、さすがに円安を看過できなくなった日本政府と日本銀行は、２０２４年のＧＷに**「為替介入」**を実施しました。為替介入とは、円を大量に買い上げることで、円安を緩和させること（その逆も）。１ドル≒１６０円の超円安は、一時的に１５１円台にまで戻りました※12。しかし、その後は１５０円台後半の円安が続き、効果は一時的なものでした。経済評論家やアナリストの中からは、

Deguchi's Scorp

ニュースの「これから」がわかる! 出口スコープ

円安はいつまで続く?

円安は永久に続くわけではありません。2000年以降では、2002年2月、2007年6月、2015年6月、2022年10月から始まった円安は3年のうちに終了しています。このような事例を見て、おそらく2024年内に大幅円安は終焉《しゅうえん》を迎えるだろうという見方もできます。2024年9月、アメリカ国内のインフレが落ち着いてきたことや「景気後退入り」を示す指標が出たことで、高い金利が労働市場を冷やし過ぎる事態を懸念し、アメリカのFRBは0.5%の利下げを発表しました。よって、日米の金利差は縮小され、円安が少し是正されました。

近いうちに１ドル≒２００円も見えてくると予測する声があがったほど。ともあれ、円安は長期的に見ると、日本経済にとって好ましい事態では全くありません。

また、２０２４年３月、８年ぶりに日銀が政策を転換し、マイナス金利政策を解除すると決め、円とドルの金利差を縮小させました。**さらに８月から、政策金利を０・２５％程度に引き上げる追加の利上げも決めました。長らく続いていた円安に歯止めをかけることが狙いです。**

ちなみに、円安によって、好景気に沸いていた業界があります。例えば、熱海のような温泉地の旅館やホテル。以前は国内旅行客が減り、倒産するところもありましたが、現在は外国人観光客だけでなく、日本人も円安のため海外ではなく、国内旅行を選ぶ向きもあるようです。

日本の
地政学
Question 03

北朝鮮はなぜ頻繁にミサイルを打ってくる？

Answer 03

諸説あるが、アメリカに存在感をアピールするため

テレビ画面に流れる「北朝鮮ミサイル発射」のニュースは、みなさんにとって「またか」となってしまっているかもしれません。ミサイルが発射されるのは、大体が日本時間の早朝です。ミサイルを発射地点まで移動させる際、日中だと衛星によってバレてしまいます。そのため、他国に知られないように、夜にミサイル

北朝鮮のミサイルはアメリカ全土を射程圏内に収める

2022年2月に最初の発射実験を行った新型ICBM級「火星17」は、アメリカの首都ワシントンD.C.まで射程に入れる。北朝鮮のミサイルは今や北半球の大半の都市を狙える。

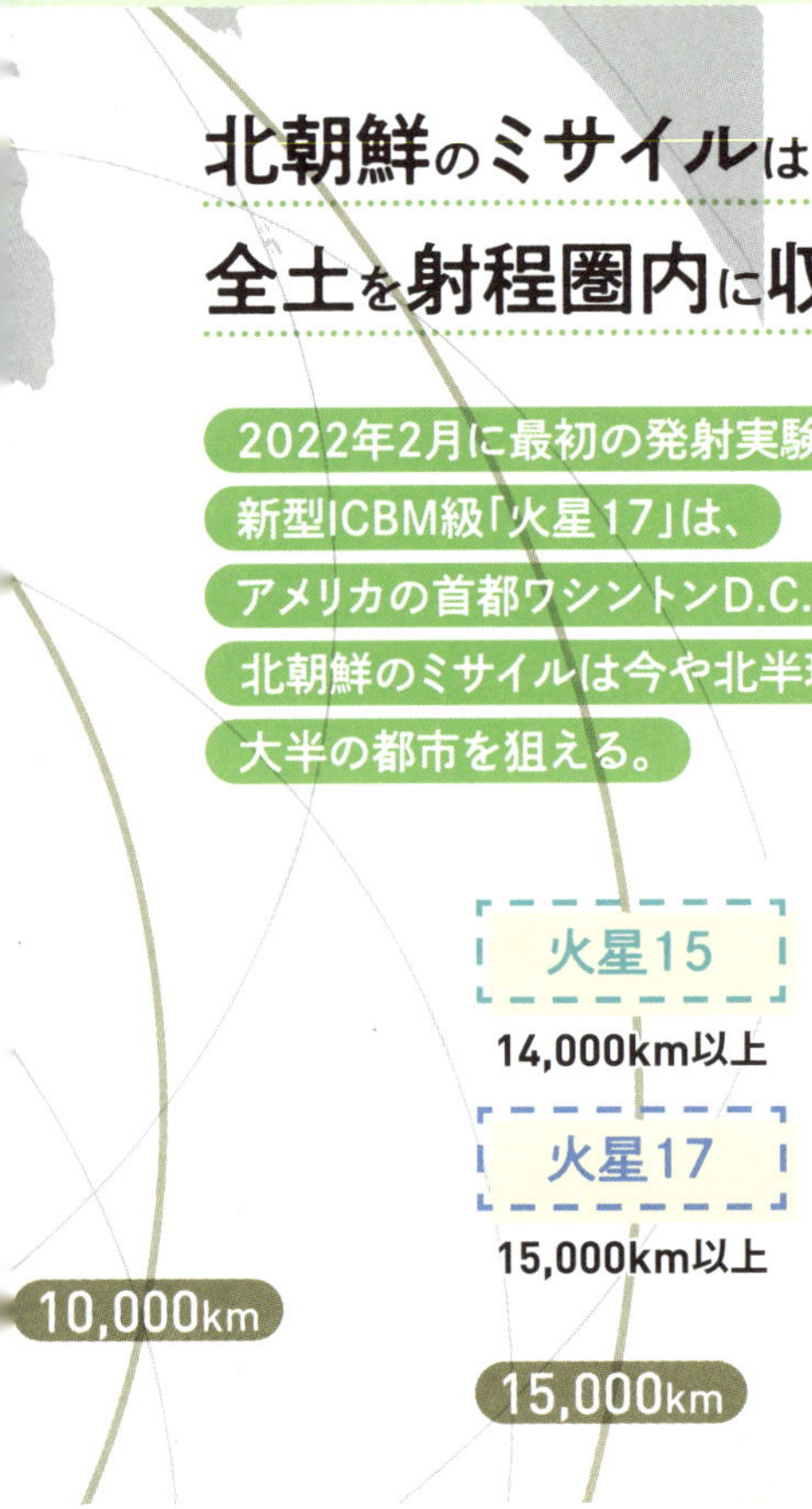

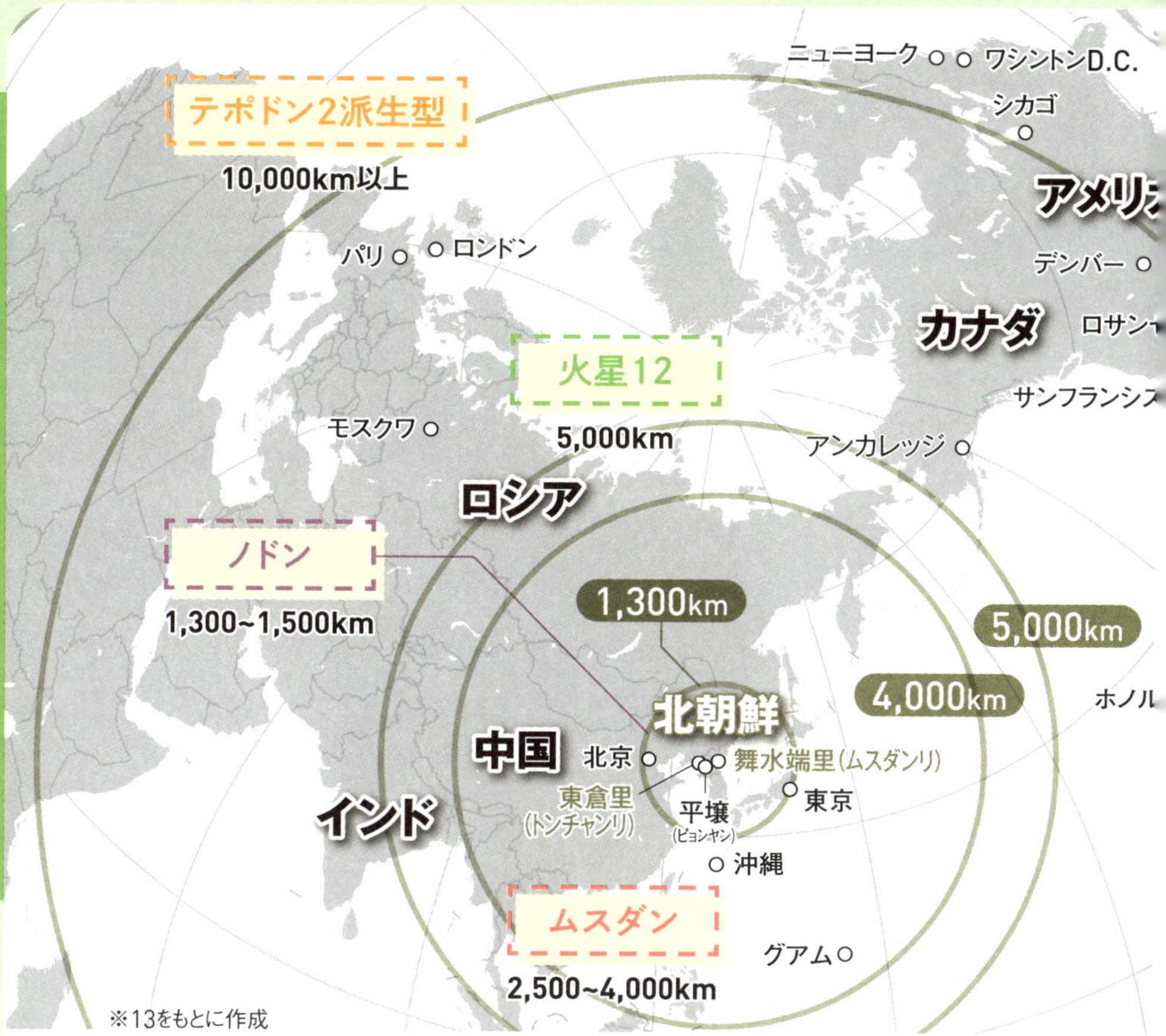

※13をもとに作成

を移動させるので、早朝の発射が多いのでは、という見方もあります。

北朝鮮が打つミサイルは主に「火星12」「ムスダン」などで、いずれも金正《キムジョン》恩《ウン》政権下で開発されたものです。**これらのミサイルの中にはICBM（大陸間弾道ミサイル）もあり、射程距離は10000km以上あるものも。**中距離弾道ミサイル「火星12」は液体燃料を搭載し、米軍の拠点があるグアムまで射程内に収めています。さらに、火星12より開発が進んだミサイル「火星15」もあります。北朝鮮がアメリカ本土全域を攻撃できると主張するほどの飛行性能をもっており、2017年11月に発射されました。また、2022年11月に日本海に向けて発射された「火星17」は、片側11輪の移動式発射台を使用する超大型のミサイルです。

朝鮮人民軍創設75年となった2023

日本の
地政学
Question 03

北朝鮮はなぜ頻繁にミサイルを打ってくる?

A.03 諸説あるが、アメリカに存在感をアピールするため

年2月、金正恩総書記は娘を伴って軍事パレードに出席し、そこで「火星15」と同じ片側9輪の移動式発射台に搭載された新型ICBMが公開されました。これらのような射程が長いミサイルが実用化されてしまったら、状況は一変します。

北朝鮮がなぜ、こうも頻繁にミサイルを打つのかというと、諸説ありますが、アメリカへのアピールだと推測されます。北朝鮮は首都平壌こそ、整然とした都市のイメージを保っていますが、農村部ではいまだに食糧難に悩まされ、餓死《がし》する人も少なくないといいます。しかし、北朝鮮はミサイルを開発し、発射することで「我が国は強い」と見せており、ミサイルを「武器に」アメリカに交渉をもちかけたいのかもしれません。実際、アメリカにとって北朝鮮は無視できない存在です。北朝鮮の隣は中国ですが、国際的に孤立している北朝鮮にとって数少ない味方。**北朝鮮の後ろ盾に中国がいる限り、アメリカも決して軽視はできません。**

このような北朝鮮とアメリカが牽制し合う中、巻き込まれているのが日本です。北朝鮮がミサイルを打つ時は必ずといっていいほど、日本の方向に打ちます。これはもちろん、陸に着弾させたら大変なことになりますから、海に着水させるべく日本の近海に打っている事情もありますが、アメリカの同盟国で、自分たちの国から近い日本に向けて打つことで、**「いつでも自分たちは戦闘準備ができている。ミサイルもいつだって打てるんだぞ」**とアメリカに向けてアピールしているからとも考えられます。

また、核実験やミサイルの発射を繰り返してきた北朝鮮は、たびたび経済制裁を受けてきましたが、それでも核ミサイ

ルを手放そうとしないのは、金体制の維持が念頭にあると推測されます。**中東諸国とは異なり、ここまでアメリカの軍事介入がなく、金体制を存続できているのは、核という抑止力をもっているからこそ、と考えているのでしょう。**

　そんな中、中国は北朝鮮がミサイルを発射しても基本的に静観の構えです。これには事情があります。１９５０年に北朝鮮と韓国間で起きた朝鮮戦争で、韓国側についたのはアメリカでした。この時、北朝鮮にはソ連と中国が味方しています。今は休戦状態ですが、中国からすると、韓国に加えて北朝鮮もアメリカと手を結んでしまうと、敵対国と国境線を接することになり、動きが取りづらくなります。そのため、**中国は「緩衝材」をもっておきたいという観点から、北朝鮮との関係を維持しているとも考えられます。**

Deguchi's Scorp

ニュースの「いま」がわかる! 出口スコープ

日本のミサイル防衛は大丈夫?

日本はミサイルを迎撃するシステムを研究・開発しています。現在は、弾道ミサイルを宇宙圏で破壊するSM-3と、大気圏に再突入してきたところを迎え撃つPAC-3の二段構えで防衛しています。北朝鮮がミサイルを発射し、それが日本に飛来する恐れがある場合、自衛隊の部隊が迎撃できるよう、防衛大臣が「破壊措置命令」を発出。部隊はSM-3とPAC-3を発射し、ミサイルやその破片を破壊するのです。命中率は極めて高いという検証が示されていますが、もちろん「絶対防衛できる」という保証はどこにもありません。

日本の地政学

Question 04

韓国が竹島の領有権を主張し続けるわけとは？

Answer 04

軍事的な目的というより漁業権を得たいから

竹島を韓国領として囲い込んだ「李承晩《イスンマン》ライン」

竹島を巡る動き

1946	GHQがマッカーサー・ラインを設定
1951（9月）	サンフランシスコ平和条約締結によりマッカーサー・ラインが廃止（条約の効力発生は1952年4月）
1952（1月）	韓国の李承晩大統領が李承晩ラインを宣言
1954	韓国が竹島へ沿岸警備隊を派遣するなどして、竹島を占拠

竹島は島根県隠岐《おき》の島町に属する日本固有の領土です。日本本土から約211km離れた日本海の南西部に位置します。単独の島ではなく、女島《めじま》（東島）と男島《おじま》（西島）の2つの島に加え、その周辺の数十の小さな島々を「竹島」と呼びます。総面積はわずか約0・20㎢。竹島は17世紀初めから日本人が航海の目標や船の停

中国
李承晩ライン
北朝鮮
鬱陵島《ウルルンとう》
竹島
日本海
太平洋
黄海
韓国
日本の領海
自国の領土から12海里（約22.2km）の海域。なお、無害通航をする場合に限り、全ての国の船舶に航行が許されている。
対馬
済州島《チェジュド》
日本
東シナ海
日本の排他的経済水域
自国の領土から200海里（約370km）の海域。海域内では海洋エネルギーや鉱物資源の開発、水産資源の利用を排他的に行うことが認められている。

泊地として利用し、アシカ猟やアワビなどの漁も行っていました。

そもそも、韓国が竹島にこだわるのは、資源を独占したい思惑があります。竹島周辺はアワビやサザエ、ワカメ、イワノリといった海産物がとれ、たしかに、手に入れたい領域ではあります。

韓国が竹島を自分たちの領土だと主張してきたのは第二次世界大戦後でした。1946年6月、連合国最高司令官総司令部（GHQ）が「マッカーサー・ライン」と呼ばれる日本の漁業及び捕鯨《ほげい》許可区域を設定（竹島を日本漁船の活動可能領域内とした）。その後、日本の領土処理などを定めた1951年のサンフランシスコ平和条約が締結。それにより、**マッカーサー・ラインが廃止されることを受け、これを好機ととらえた韓国の李承晩大統領は、「李承晩ライン」という海**

日本の地政学

Question 04

韓国が竹島の領有権を主張し続けるわけとは?

A.04 軍事的な目的というより漁業権を得たいから

洋境界線を勝手に引き、その内側には、竹島も含まれていました。アメリカは、李承晩ラインを認めることはできないと通告しましたが、韓国はこれを無視。その後、1965年に締結された日韓基本条約で李承晩ラインは廃止されましたが、韓国は現在もなお、自分たちの領土として竹島を実効支配しています。

日本の外務省もホームページで、「『李承晩ライン』の設定は、公海上における違法な線引きであるとともに、韓国による竹島の占拠は、国際法上何ら根拠がないまま行われている不法占拠です。韓国がこのような不法占拠に基づいて竹島に対して行ういかなる措置も法的な正当性を有するものではありません。このような行為は、竹島の領有権をめぐる我が国の立場に照らして決して容認できるものではなく、竹島をめぐり韓国側が何らかの措置等を行うたびに厳重な抗議を重ねるとともに、その撤回を求めてきています[※14]」と強い言葉を使って韓国を批判しています。竹島問題が日韓で白熱したのは、2005年3月16日です。この日、**島根県は2月22日を「竹島の日」とする条例を制定しましたが、これに韓国が猛反発。**その後も竹島を日本の領土と明記した教科書が検定に合格し、これにも韓国から大きな批判が起きました。

さらに、2012年8月、当時の大統領李明博《イミョンバク》が、韓国の大統領として初めて竹島に上陸しました。これは、国内からの支持を失いつつあった李明博が、求心力を高めるために上陸したと見られています。これを受け、日本は竹島の領有権に関する紛争を国際司法裁判所に託すことを韓国に提案しましたが、韓国はこれを拒否。

Deguchi's Scorp

ニュースの「これまで」がわかる！ 出口スコープ

竹島への対応を他国は見ている

韓国では竹島を独島《トクド》と呼んでおり、「独島は我が領土」という歌があります。これは韓国国民の多くが歌えるといわれており、2024年9月、韓国の人気ガールズグループがYouTube番組の企画内で「独島は我が領土」を歌い、SNSを中心に批判が起こりました。韓国に比べ、日本国内の竹島問題への関心は低いかと思います。しかし、竹島を韓国領と認めてしまうと、他の国も「あそこは自分たちの領土だ」と便乗し、日本はますます領土問題に苦しめられることになるのです。

国際司法裁判所は、双方の紛争当事国が紛争処理を同機関へ委ねることに合意して共同提訴するか、片側の国が単独提訴をおこなった後、被告となる一方の国がそれに同意しなければ、裁判は開始できません。ちなみに、遡ること１９５４年にも日本は同様の提案をしていますが、韓国はこれを拒否しました。なお、竹島上陸の４日後には、李明博が当時の天皇陛下に謝罪を求め、前年12月の日韓首脳会談では、李明博が慰安婦問題について述べたこともあり、この時期から日韓関係は悪化していきます。

　韓国はアメリカと同盟を結んでおり、アメリカと同盟関係にある日本とも連携が必要ですが、**領土問題などで対立することがあり、両国は非常に微妙な関係といえます。**

千島列島
（クリル諸島）
ウルップ島
（得撫島）
択捉海峡

日本の
地政学
Question 05

なぜ北方領土はいつまでたっても返還されない？

北海道と北方四島、そして樺太や千島列島はこんなにも近い

納沙布岬と歯舞群島の距離はわずか3.7km。天気の良い日は納沙布岬から歯舞群島や国後島が見える。一方、その北方四島と目と鼻の先にある樺太や千島列島はロシア領。ロシアからすれば、北方四島を日本に（そして米軍に）明け渡すわけにはいかない。

Answer 05

返すことにロシア側のメリットがないから

「北方領土」とは、北海道の東北部に連なる、**択捉島《えとろふとう》、国後島《くなしりとう》、色丹島《しこたんとう》、歯舞群島《はぼまいぐんとう》**のことを指します。主な島が４つあるので、「北方四島」ともいわれます。歯舞群島の一つである貝殻島は根室半島の納沙布岬《のさっぷみさき》からわずか３・７㎞しか離れていませんが、日本人が自由に行き来《き》することができません。

ユジノ・サハリンスク（豊原）
サハリン（樺太）
宗谷海峡
オホーツク海
礼文島
利尻島
稚内
国後島
根室海峡
色丹島
歯舞群島
納沙布岬
根室
旭川
釧路
札幌
函館

1945年8月9日、ソ連はアメリカなど連合国に味方して、対日参戦しました。同年8月の樺太《からふと》占領に続き、8月28日から9月5日までの間に北方四島を占領。**戦後も、北方領土はソ連に占領されてしまいます。**北方四島には1万7291人の日本人が住んでいましたが、ソ連に侵攻され、彼らは故郷を追われました。

もともと、この北方四島は1855年の日露和親条約により、択捉島までは日本領、それより北の千島列島《ちしまれっとう》はロシア領と設定されていました。その後、樺太千島交換条約や日露戦争後のポーツマス条約を経て、樺太南部と千島列島も日本領になりました。しかし、敗戦国となった日本は、1951年サンフランシスコ平和条約により樺太南部と千島列島の領有権を放棄。**その一方で、北方四島を放棄することはありませんでした。**

日本の地政学 Question 05

なぜ北方領土はいつまでたっても返還されない？

A.05 返すことにロシア側のメリットがないから

日本は現在に至るまで北方領土返還を求めています。しかし、たびたび北方領土返還について日ロでトップ会談でも話し合いがされているにもかかわらず、一向に返還は進みません。北方四島は長らく日本人が住み、海産物が豊富で日本にとって大切な領土ですが、ロシアにとっても地政学的には非常に重要なエリアなのです。もし仮に、日本に北方領土が返還されてしまったら、日本の同盟国であるアメリカがこの北方四島に米軍基地をつくる可能性が生じます。**そうなれば常にアメリカに見張られている状態になり、ロシアとしては非常にまずいことになります。**日本が「絶対そうさせない」と約束したとしても、ロシアはそう簡単には信じないでしょう。

次に**北極海航路（⬇P148）**の存在です。北極海航路は、ノルウェーとの国境に近いムルマンスクからアラスカに近いベーリング海峡に至るヨーロッパとアジアを結ぶ最短航路です。ロシアの北部はほぼ北極海に面しています。北極海は冬の間は結氷して船の航行はできませんが、夏には海氷が縮小し、利用可能な航路が確保できます。**近年の温暖化で海氷はさらに後退し、氷山の危険も減少。**2000年以降、ロシアによって自国の北側を回るルートが本格的に利用されるようになりました。**ヨーロッパ方面から太平洋に出る場合、スエズ運河を経由するルートと比べ30～40％ほど短く、コストを削減できる優秀なシーレーンなのです。**この北極海航路は北方領土の近くを通過します（⬇P148）。ロシアとしては、北極海航路に他国を入れたくないため、北方領土を返還したくないのです。

また、ロシアはランドパワーの国です。

Deguchi's Scorp

ニュースの「これから」がわかる! 出口スコープ

北方領土の実態

実は、日本人が北方領土に行けないわけではありませんでした。コロナ禍前はロシアとの取り決めのもと、政府関係者や元島民らは北方四島に渡航できたのです。しかし、そこにかつての面影は消えているようです。北方四島には約1万8000のロシア人が暮らしています。主に水産業や水産加工業に従事しており、観光業も盛んで、択捉島には温泉施設や豪華ホテルなどもあるようです。ロシア政府は北方四島への移住を支援しており、島に定着したロシア人にとって、北方領土は「新しい故郷」になってしまっているのが現状です。

領土拡大の意識が強く（➡P16）、戦争で負けない限りは領土を返すことは考えにくいでしょう。プーチン大統領からしても、**これまで〝強いプーチン〟を演じてきたわけですから、もし領土を日本に返すとなれば、ロシア国民からの支持率低下は免れません。**

だからこそ、日本からの経済協力を引き出すだけ引き出し、北方領土の返還に関する具体的な話は進めようとしないのです。事実、ロシアとの平和条約交渉に向けた経済協力費として、日本政府が約200億円を支出していたことが明らかになりましたが、返還に向けての道筋はいまだに見えていません。さらに、ウクライナ侵攻に対して、日本がG7と歩調を合わせてロシアを非難していることについて、態度を硬化させており、**対ロシアの交渉は一層難しくなりました。**

睨《にら》みを利かせている。

北朝鮮
日本に直接ミサイルを打てば、沖縄周辺にいる原子力潜水艦からSLBMを発射される恐れがある。
日本
沖縄

日本の地政学
Question 06

どうして日本に米軍基地が存在する？

Answer 06

特に沖縄は、地政学的に米軍の拠点として必要な要素を備えているから

米軍の兵力（予備役除く）は合わせて約133万人です。そのうち約16万人の兵力を全世界に展開しています※15。米軍が海外で展開する基地は45ヵ国で合計514もあり※16、国別の内訳で一番多いのがドイツで194、次に日本で121、その次の韓国は83となります（全てデータは2018年時点）※16。

米軍は沖縄からロシア、中国、北朝鮮へ

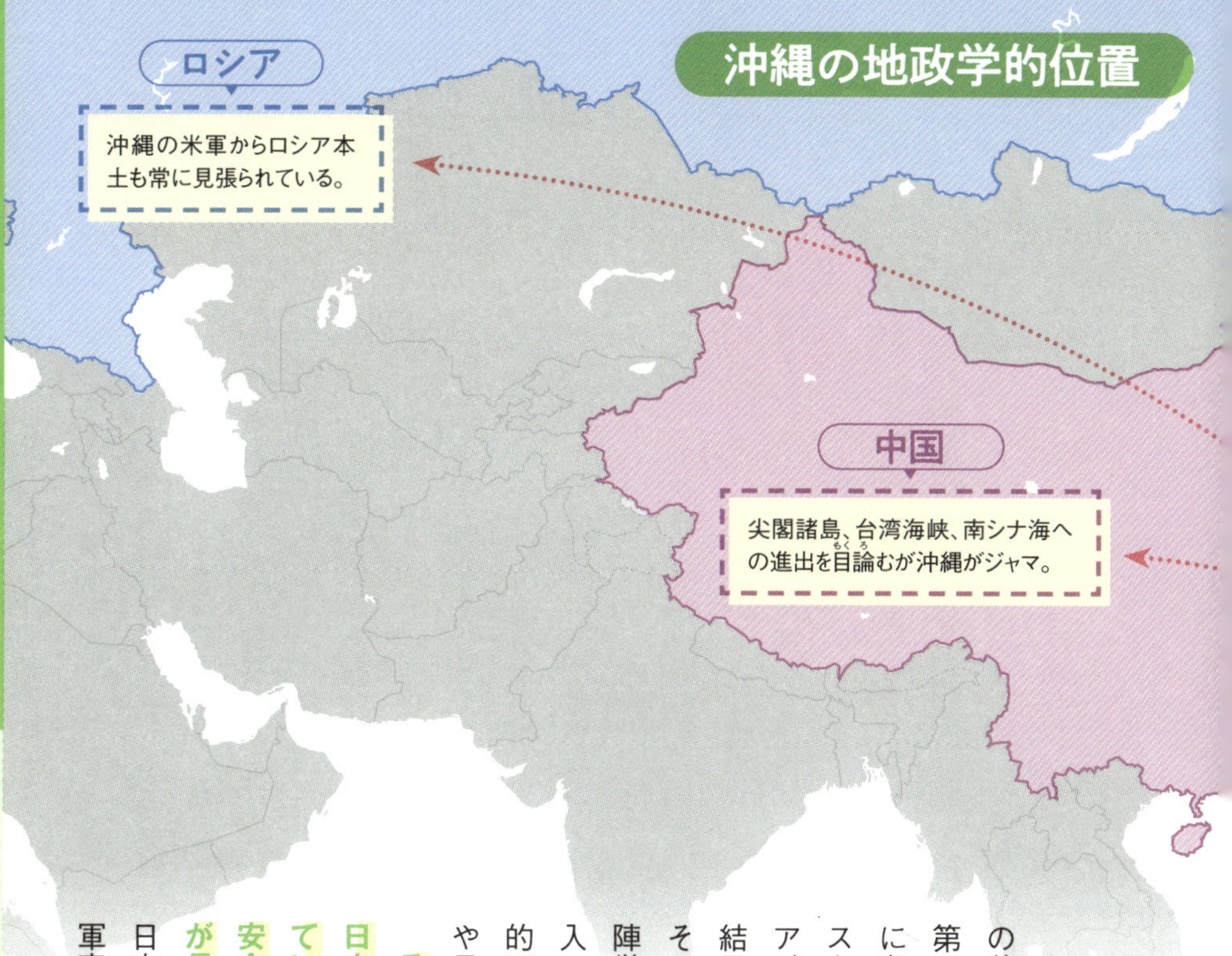
沖縄の地政学的位置
ロシア
沖縄の米軍からロシア本土も常に見張られている。
中国
尖閣諸島、台湾海峡、南シナ海への進出を目論《もくろ》むが沖縄がジャマ。

なぜ、アメリカは他の国や地域にも軍の基地を置くのでしょうか。アメリカは第二次世界大戦で欧州戦線と太平洋戦線に参戦し、連合王国（UK）や、フランスなどの連合国とともにドイツ、イタリア、日本といった枢軸国《すうじくこく》側と戦いました。結果、連合国側は勝利したわけですが、その後、アメリカはソ連率いる社会主義陣営と対立します。いわゆる冷戦構造に入ったため、近隣からソ連を牽制する目的で、占領後そのまま、敗戦国のドイツや日本などに駐留しました。

その後、サンフランシスコ平和条約で日本が独立を回復する際、日本を占領していたアメリカは日本と「相互協力及び安全保障条約」を結び、その後も、米軍が長期的に駐留することに合意をします。日本からすると、近くに社会主義陣営の軍事大国ソ連がいることは地政学的リス

日本の
地政学
Question 06

どうして日本に米軍基地が存在する？

A.06 特に沖縄は、地政学的に米軍の拠点として必要な要素を備えているから

クを伴うため、米軍に駐留してもらいたいという思惑がありました。

いま日本にある主な米軍基地は青森県の三沢空軍基地、東京都福生《ふっさ》などにある横田空軍基地、神奈川県の横須賀《よこすか》海軍基地、山口県の岩国海兵隊基地、長崎県の佐世保《させぼ》海軍基地などで、沖縄県には多数の軍事基地があります。米軍基地は沖縄に集中していて、日本にあるうち約70％が沖縄に存在し、その総面積は東京ドーム約4000個分です。

どうしてこんなにも沖縄に基地が集中しているのでしょうか。まず最初に、1945年から1972年まで沖縄はアメリカの統治下にあったからです。**そして、地政学的に沖縄はアメリカにとって拠点に必要な要素を備えた完璧な場所だからです。**アメリカからしても沖縄に軍事基地を置くことにメリットがあるのです。

沖縄はアメリカ本土はもちろんのこと、ハワイ、グアムと比べて、朝鮮半島や台湾海峡、東シナ海など、地政学的リスクを抱える地域に近く、また日本のシーレーンにも近いという戦略的にとても重要な場所に位置します。これだけの問題点と接しているポイントは、世界中を見渡しても他に類を見ません。**アメリカが最も警戒する国がソ連から中国に代わった今、ますます沖縄の重要性が高まっています。**

加えて、米軍は射程距離1万㎞の大陸間弾道ミサイルを保持しています。大陸間弾道ミサイルは原子力潜水艦からも発射が想定されており（SLBM＝潜水艦発射弾道ミサイルともいう）、**沖縄の海にミサイルを搭載した原子力潜水艦（⬇P158）を展開しておけば、ユーラシア大陸の大半の都市を射程範囲に入れら**

Deguchi's Scorp

ニュースの「いま」がわかる! 出口スコープ

沖縄に負担が集中する現状

アメリカは、沖縄に在留米軍基地があることで平和と安定をもたらし、雇用面など地域の安定、発展、繁栄にも大きく貢献しているといいます。とはいえ、沖縄県民からすれば、基地があることで騒音に悩まされ、軍用機墜落事故のリスクもありますし、米兵による犯罪などの事件が後を絶ちません。そこで、日本政府が沖縄の代替地をアメリカに提案できれば改善の糸口が見つかるのですが、どこに移転しても移転先からの猛反発は免れず、多大な負担を沖縄に押し付けたまま、年月が経過してしまっています。

れるのです。そのほか、沖縄にはアメリカ人にとって魅力的な点がたくさんあります。気候がよく、治安もいいですし、食事、買い物にも事欠きません。また、ビーチが近く娯楽もある。上下水道、道路などのインフラも整備されているため、兵器の修理やメンテナンスも行いやすいのです。

沖縄以外にも横須賀には、世界最大規模と称される「第7艦隊」の拠点があります。横須賀基地には、ドライドックと呼ばれる船の修理やメンテナンスを行う施設が6基もあり、原子力空母「ロナルド・レーガン」の母港でした（2024年9月より同型の原子力空母「ジョージ・ワシントン」に交代）。また、第7艦隊は西太平洋やインド洋の監視を目的としており、ここから中国の動向を見ているのです。

日本の
地政学
Question 07

日本が将来的に核保有国になる？

Answer 07

現実的に可能性は極めて低い

１９７０年に発効された核兵器不拡散条約（ＮＰＴ）では、アメリカ、ロシア、連合王国（ＵＫ）、フランス、中国の５カ国以外が核兵器を保有することを禁止しました。現在、１９１の国と地域が参加しており、日本も１９７６年６月に批准しています。一方、インド、パキスタン、イスラエル、北朝鮮が核保有国とし

3カ国が日本の近隣に位置する

核保有国に囲まれている日本

非核三原則

一、もたず
一、作らず
一、もち込ませず

世界全体の核保有国9カ国のうち

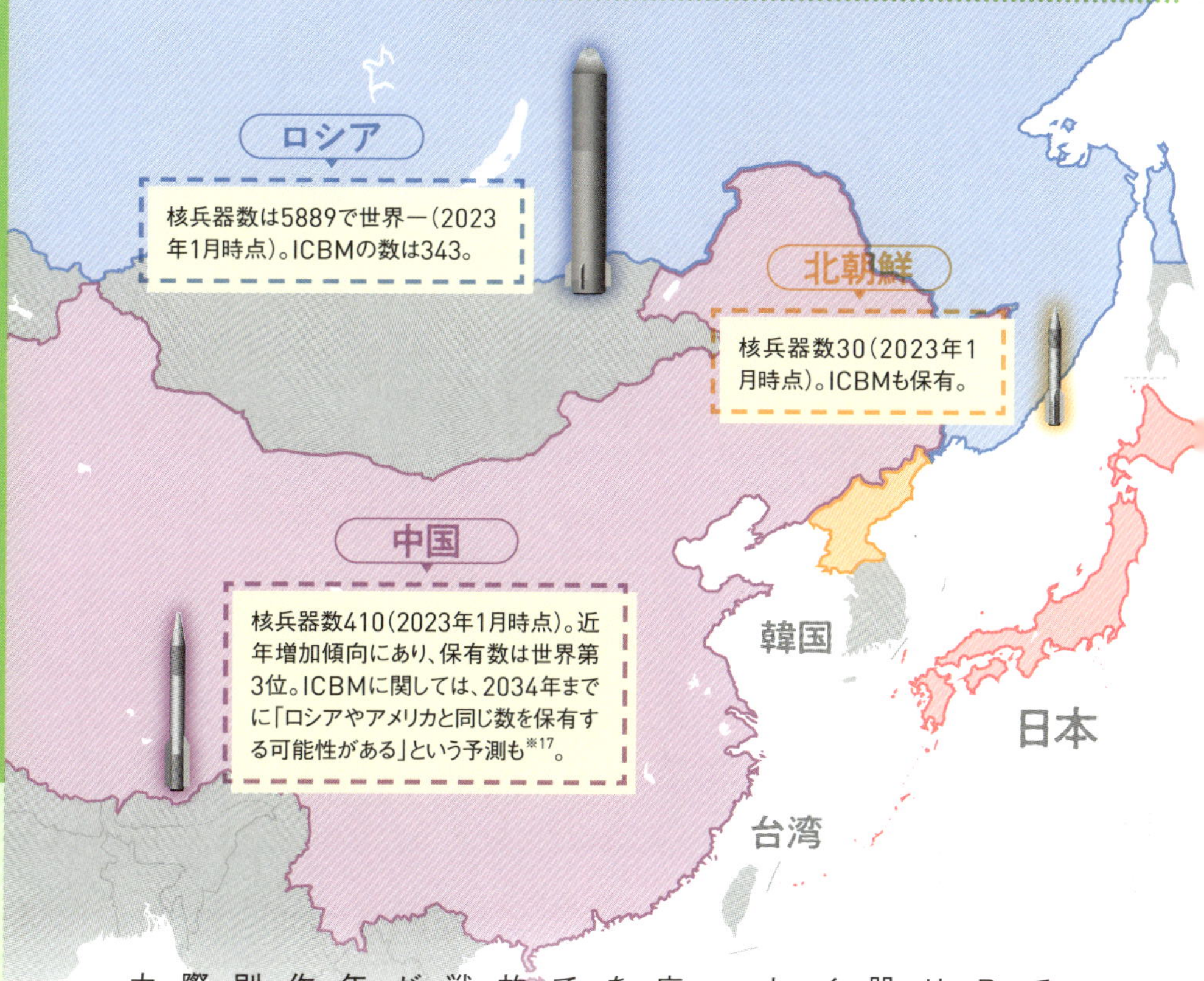
ロシア
核兵器数は5889で世界一（2023年1月時点）。ICBMの数は343。
北朝鮮
核兵器数30（2023年1月時点）。ICBMも保有。
中国
核兵器数410（2023年1月時点）。近年増加傾向にあり、保有数は世界第3位。ICBMに関しては、2034年までに「ロシアやアメリカと同じ数を保有する可能性がある」という予測も※17。
韓国
日本
台湾

て見られています。また、NATO（⬇P144）では、平時に自国領内にアメリカの核兵器を保管し、有事の際は核兵器を使える国を定めています。ドイツ、イタリア、ネーデルラント、ベルギー、トルコがそうです。

日本は核を保有していません。日本は広島、長崎に原爆を落とされ、その惨劇を当事者として知る唯一の国です。加えて、日本国憲法第9条第1項で「戦争の放棄」、第2項で「戦力の不保持」と「交戦権の否認」を定めており、「平和主義」が基本原則として存在します。1971年、日本は戦争被爆国として核をもたず、作らず、もち込ませずという「非核三原則」を国会で決議しました。しかし、実際には核ミサイルをもつアメリカの原子力潜水艦が日本の近海にいるわけです。

第二次世界大戦後、アメリカやソ連を

日本が将来的に核保有国になる？

A.07 現実的に可能性は極めて低い

中心に核開発競争が繰り広げられてきました（これまで世界で行われた核実験の数は２０００回以上）。ロシアが保有する核兵器数はアメリカよりも多く、世界で一番です。

さらに、中国の核兵器数も増加傾向にあります。北朝鮮も周知の通り、核兵器の開発及び発射実験を繰り返しており、国際的にも大きな問題となっています。つまり、日本は核保有国に囲まれているのです。

核保有の目的の一つは侵略の抑止ともいわれています。「もしも我が国を侵略しようものなら、核を使用しますよ」という脅しや牽制の役割が、核にはあるのです。冷戦時代（⬇P158）、米ソがお互いに攻撃を受けた場合、すかさず大量の核で相手国に報復できる戦力を有していたことから、攻撃を実行しづらくなりました。この抑止が効いた状態を**「相互確証破壊」**といいます。ウクライナがロシアの侵攻を許したのは、抑止力となる核を保有していなかったからだと主張する人たちもいます。ウクライナはソ連に属していた時代に、核兵器を保有していましたが、１９９４年に世界的な核軍縮の流れの中で全てを放棄しました。

日本は地理的に、**中国、ロシア、北朝鮮といった核保有国が近くにある以上、核の脅威に晒されている状態です。**以前から日本の核武装を唱える人たちはいましたが、この先、本格的に核武装の議論が起きる可能性もゼロではありません。**とはいえ、現実的にその可能性は極めて低いと考えられます。**まず予算の問題をクリアしなければなりません。莫大な開発費用がかかりますし、さらには発射するための原子力潜水艦なども新たに必

Deguchi's Scorp

ニュースの「これから」がわかる! 出口スコープ

日本の核保有は認められるのか?

自国で核開発する以外の方法として、日本が核兵器不拡散条約を破棄し、アメリカなどの同盟国から核兵器を購入するケースも存在しますが、まずあり得ないでしょう。日本軍に苦しめられた第二次世界大戦の記憶がアメリカにはあります。アメリカがいくら世界の警察官を辞めたといえど、日本の軍事大国化を認めるわけにはいきません。当然、中国やロシアなど周辺国も望んでいないため、猛反発が予想されます。現実的に、核保有はせずに抑止力・防衛力を高めていくことになるでしょう。

要になってきます。そもそも国民感情としても、なかなか核保有を認める流れにはならないでしょう。実際に日本が核を保有することは考えづらいのです。

ただし、巡航ミサイル（⬇P158）や対地攻撃機という手段で**「策源地攻撃能力」を高める可能性は充分に考えられます。**策源地攻撃能力とは、基地などにあるミサイル発射拠点・発射装置をピンポイントで攻撃する能力で、「積極的な予防策」といえるでしょう。事実、近年の地政学的リスクの高まりを受け、2025年度から米国製巡航ミサイル「トマホーク」が日本に配備されることになりました。北朝鮮のミサイルが頻繁に発射されている現在、核保有よりも、相手がミサイルを発射する前に破壊する手段をもっておくことのほうが抑止力として有効かもしれません。

日本の地政学
Question 08

衆議院議員総選挙後、日本と東アジアの情勢はどうなる？

Answer 08

「政権移行期間」を狙った中ロが強硬姿勢も

主な国際政治スケジュール

2024（10月27日）	衆議院議員総選挙
（11月5日）	アメリカ大統領選挙
（11月15〜16日）	APEC首脳会議
（11月18〜19日）	G20首脳会議
2025（1月20日）	アメリカ新大統領就任

２０２４年９月、岸田文雄首相（当時）の自由民主党総裁任期満了に伴い、自民党のトップを決める総裁選挙が行われました。９月時点で自民党が与党第一党だったため、「事実上の次期内閣総理大臣」を決める選挙でした。**結果、石《いし》破《ば》茂《しげる》氏が第28代自民党総裁に選出され、10月に第１０２代の新首相に指名。**その後、衆

日米の政権移行期間を狙う

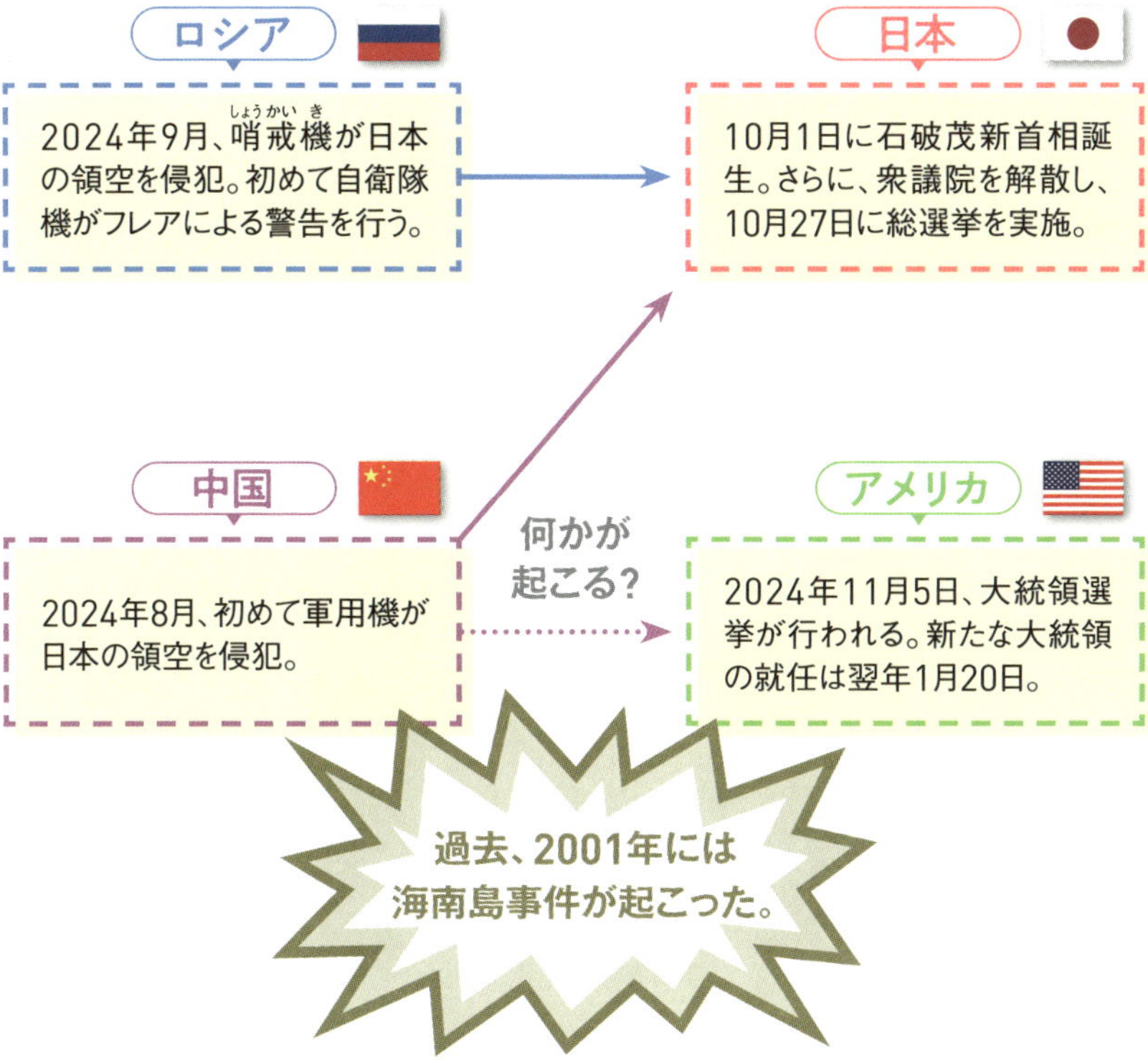

議院議員総選挙の実施も決定しました。

第2次安倍内閣で外務大臣を務めた経験がある岸田元首相は支持率こそ低迷したものの、外交・安全保障の分野では一定の成果を挙げたという見方もされています。防衛費の増額や、相手国のミサイル発射拠点を破壊する策源地攻撃能力（➡P85）の保有を盛り込んだ安保関連3文書の閣議決定をはじめ、日米同盟の深化、さらにウクライナに侵攻したロシアに対しては厳しい経済制裁を実施するなど、複雑化する国際情勢の中で安倍政権の路線を踏襲しながらも、積極的な安全保障政策を推進してきました。

その後を引き継いだ石破茂首相は、現在のウクライナ情勢は「明日のアジアかもしれない」と強調※11。対中を見据え、アジア版のNATO《ナトー》（➡P144）の創設に意欲を見せています。

衆議院議員総選挙後、日本と東アジアの情勢はどうなる?

日本の
地政学
Question 08

A.08 「政権移行期間」を狙った中ロが強硬姿勢も

さて、自民党総裁選挙に続き、10月27日に衆議院議員総選挙が実施されるなかで、地政学的に起こりうることを考えてみましょう。**ここで注視したいのは、度重なる選挙に関連する日本の「政権移行期間」に乗じた中国やロシアの動きです。**

2024年8月には、中国人民解放軍の情報収集機が、長崎県男女群島沖の領海上空を侵犯したことが確認されました。**中国の軍用機による領空侵犯は初めてのことです。**続く9月には、ロシア軍の哨戒機が、北海道の礼文島《れぶんとう》付近で3度にわたり日本の領空を侵犯し、緊急発進した**航空自衛隊の戦闘機が、警告のために初めてフレア（熱と光を放つ装置）を使用する事態となりました。**かねてから中国船舶による領海侵入は日常茶飯事となっていましたが、船と違いスピードが大きく違う航空機での領空侵犯は、より即時の判断や対応が求められます。加えて、中国とロシアは日本海などで合同の軍事演習も実施しており、これは対中、対ロで結束を強める西側諸国や東アジアへの対抗からくるものと考えられます。

自民党総裁選挙、衆議院議員総選挙が行われ、立て続けに政権移行期間が生じる日本だけでなく、**11月5日に大統領選挙を控えるアメリカも政権移行期間を迎えます。**そのため、日米の政権が移行することによる政治体制の不安定さを狙った中ロの動きは、今後より活発なものになってくると推測されます。思い出されるのは、2001年4月に起こった海南《ハイナン》島《ダオ》事件。南シナ海北部の上空で、アメリカの電子偵察機と中国の戦闘機が空中衝突した一件です。**この出来事の背景にも、2000年11月に行われたアメリカ大統領選挙がありました。**G・W・ブッシュ

Deguchi's Scorp

ニュースの「これから」がわかる! 出口スコープ

今後の日中関係はどうなる?

新首相を待ち受けるのは首脳外交の舞台です。2024年10月にはASEAN(東南アジア諸国連合)の首脳会議が行われました。翌11月にはAPEC(アジア太平洋経済協力)とG20の首脳会議が開催予定。これらには習近平も出席する可能性があり、いきなり外交手腕が試されることとなります。石破首相が総裁選前に、台湾で頼清徳総統と会談した際、中国側は訪台に反対の意思を示していました。今後、日中関係が新たにどう構築されるのか注目すべきでしょう。

対ゴアの構図となった選挙は、結果的にブッシュ勝利で終わったものの、ゴア陣営がフロリダ州での投票について再集計を求める訴訟を起こしたことで、裁判により約1ヵ月も選挙結果が確定せず、アメリカの政治体制は不安定化しました。中国側がこれを機に強硬姿勢を強め、翌年4月にアメリカ機を挑発したことが海南島事件の引き金と見られ、以後、米中関係がより険悪になりました。

翻って現在、中ロは戦略的協力関係の発展を確認し合っており、日本に対する挑発もより強まることが予想されます。これらに対する抑止力や対抗措置など日米韓の軍事的協力関係の一層の強化や、中ロの連携に懸念を示すNATOとの更なる協調など、**安全保障は新内閣にとっても非常に重要な課題と言えるでしょう。**

Column 03

地政学的観点から見た韓国発カルチャーとは?

韓国発カルチャーは今や世界で定番となりつつあります。絶大な人気を誇るボーイズグループBTSが国連でスピーチしたり、その他のK-POPグループもビルボードチャートを席巻。またNetflix《ネットフリックス》では韓国ドラマが人気上位を占めるなど、その勢いは留まるところを知りません。そもそも韓国は世界進出の目的地をアメリカに設定していました。アメリカで成功することが世界でトップを取ることだと考えており、そのためにはまず、比較的文化の近い日本で成功することが必要でした。

飛び地からではなく、近隣の国から攻略していく様はまさに地政学的。BTSにしても人気ガールズグループTWICEにしても日本語バージョンの楽曲を歌い、精力的に活動していました。そして、日本での成功を足がかりに、全アジア進出を図り、最終的に欧州、アメリカへと活動の場を広げていくのです。2020年のK-POPの北米輸出額は2015年に比べてなんと80倍にもなりました。カリフォルニア州で開催される世界最大規模の音楽フェス「コーチェラ」にはBLACKPINK《ブラックピンク》なども出演し、話題に。

ハリウッド映画の輸出が「アメリカの自由主義」を宣伝したという一面があるように、韓国発カルチャーが世界で受け入れられることはすなわち、韓国という国家へのイメージアップにも繋がります。一見、地政学とは無縁のように見えるカルチャーも、国際関係に深く関わってきているのです。

PART

4

世界を巻き込む!

中国のニュースを地政学で解く

台湾有事危機、尖閣諸島、
ウイグル問題……
強引な印象のある中国。
なかなか理解できない
隣国の行動を
地政学から解き明かします。

中国の地政学
Question 01

そもそも「一帯一路」って何？

Answer 01

アジアの経済格差を是正する一大経済プロジェクトではあるが……

「一帯一路」とは2013年に中国の習近平国家主席が打ち出した中国の一大プロジェクトです。中国といえば、中国～ヨーロッパを結ぶ古来の通商路「シルクロード」が有名ですが、習近平はこの一帯一路を**「現代版シルクロード」**として各国に参加を呼びかけています。一帯一路はシルクロード経済ベルトの「一帯」、

関係国だけで世界人口の約6割、GDPも世界の約3割を占める

「一帯」と「一路」の連結も中国は進めている。どこかのルートが使えなくなっても、相互で支え合い、物流網が途切れないように考えられている。

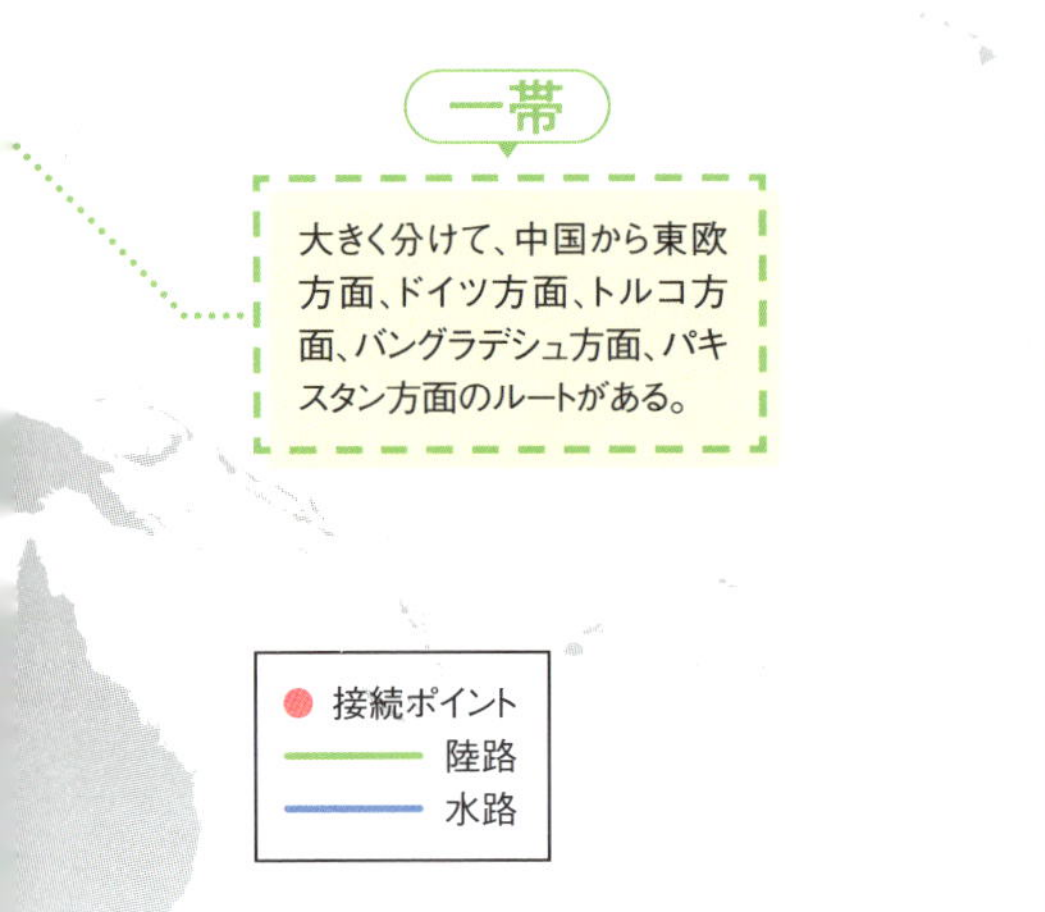

一帯
大きく分けて、中国から東欧方面、ドイツ方面、トルコ方面、バングラデシュ方面、パキスタン方面のルートがある。
接続ポイント
陸路
水路

一帯一路の主なルート。

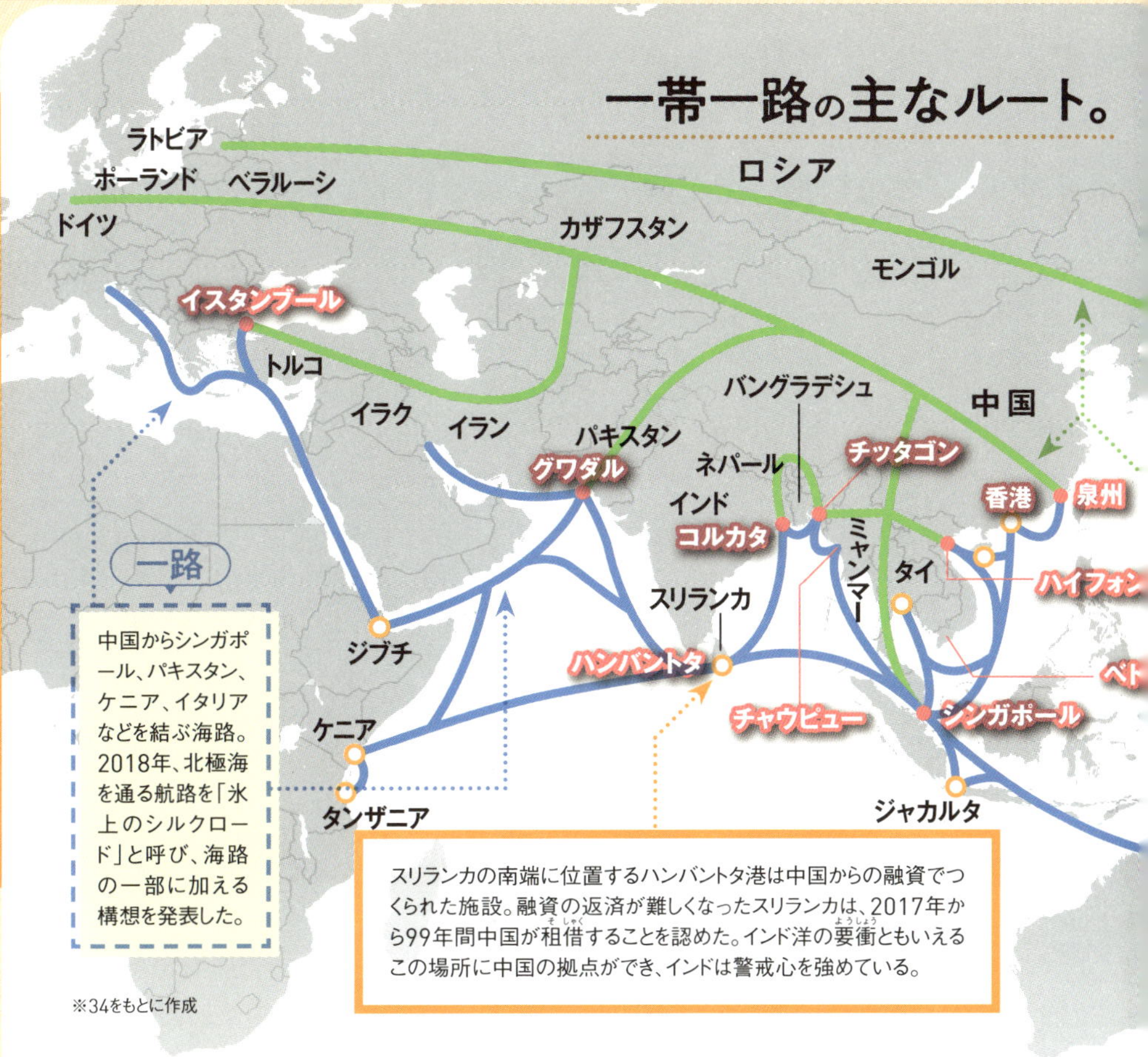
ラトビア
ポーランド
ベラルーシ
ロシア
ドイツ
カザフスタン
モンゴル
イスタンブール
トルコ
バングラデシュ
中国
イラク
イラン
パキスタン
グワダル
ネパール
チッタゴン
インド
コルカタ
香港
泉州
ミャンマー
タイ
ハイフォン
スリランカ
ジブチ
ハンバントタ
ベト
チャウピュー
シンガポール
ケニア
タンザニア
ジャカルタ
一路
中国からシンガポール、パキスタン、ケニア、イタリアなどを結ぶ海路。2018年、北極海を通る航路を「氷上のシルクロード」と呼び、海路の一部に加える構想を発表した。
スリランカの南端に位置するハンバントタ港は中国からの融資でつくられた施設。融資の返済が難しくなったスリランカは、2017年から99年間中国が租借《そしゃく》することを認めた。インド洋の要衝《ようしょう》ともいえるこの場所に中国の拠点ができ、インドは警戒心を強めている。

※34をもとに作成

21世紀の海上シルクロード「一路」からなります。アジア～ヨーロッパ～アフリカにまたがる巨大経済圏構想で、鉄道や港湾などのインフラ整備を進めるものです。2023年時点で152ヵ国、32の国際機関が協力文書に調印しました。途上国は中国の協力で自国経済の発展が期待でき、先進国は国内企業のプロジェクト参入が見込めるとされています。

この一帯一路のメリットの一つに、輸送時間の大幅な短縮があります。船ならば、日本とヨーロッパは約1ヵ月かかりますが、陸を使って鉄道で運べば、2週間くらいで荷物が届くことになります。

加えて、大きなメリットとして挙げられるのは、チョークポイントを避けたルートを形成できること。一帯一路における最も重要な物資は石油や天然ガスです。従来、それらはホルムズ海峡やマラッカ

中国の地政学

Question 01

そもそも「一帯一路」って何？

A.01 アジアの経済格差を是正する一大経済プロジェクトではあるが……

海峡を経由して運搬されていますが、武装組織などによる攻撃や敵対国から海上封鎖をされてしまえば、たちまち輸送できなくなってしまうのです。そこで中国は、マラッカ海峡の地政学的リスクを回避するために、ミャンマーのチャウピューから雲南省にオイル・ガスパイプラインを建設。その他にも中国はカザフスタンなどの中央アジアの国との間にもパイプラインの敷設を進めています。中国の周辺には途上国が多く、一帯一路によるインフラ整備はありがたく、中国からの投資にも期待しています。

しかし、景気のいい話だけではありません。**中国には周辺の途上国に影響力を強めることでリムランド（⬇P18）を制する思惑があるとも考えられます。**ランドパワーの国家らしく地続きの土地の覇権も目論んでいるようです。

一方、中国の大型インフラ投資には、途上国を借金漬けに陥れる**「債務の罠」が潜んでいるのではないかという見方もあります。**アメリカのシンクタンクの調査によると、一帯一路参加国の中で債務リスクがあるとされている国はジブチ、キルギス、ラオス、モルディブ、モンゴル、モンテネグロ、タジキスタン、パキスタンです※18。ジブチは対外債務が急増。債務の大半は中国に対してです。ラオスでは２０２３年に開通した中国ラオス鉄道の債務が約35億ドルにもなり、中国輸出入銀行からの借り入れでまかなわれています。さらに、右記の国々以外でもスリランカでは、南部のハンバントタ港が中国の融資によって開発されたものの、債務返済が厳しくなったため、中国に99年間租借することが決まりました。現在は中国企業とスリランカ港湾局との

Deguchi's Scorp

ニュースの「いま」がわかる! 出口スコープ

一帯一路に対抗するQUADとは?

一帯一路に日本は正式に参加していません。日本は中国の一帯一路に対して、QUAD(日米豪印戦略対話)を結成しています。QUADは、日本とアメリカ、オーストラリア、インドの4ヵ国の枠組みで、中国による海洋進出への危機感からスタート。主にインド太平洋の安定を維持する狙いがありますが、インフラ開発では「日米豪印インフラ・パートナーシップ」を創設しました。これは、インド太平洋地域の途上国に融資を通じた開発促進を図るためで、まさに「一帯一路」を意識しています。

合弁企業が運営しています。

また、中国政府はウイグル族への弾圧を行っているとされていますが、**彼らが居住する新疆《シンチャン》ウイグル自治区は一帯一路のルート上に位置します。**

加えて、新疆ウイグル自治区は、石油、石炭、天然ガス、綿花、鉄鉱石、リチウムなどが豊富にとれる場所で、中国にとって重要な地域です。中国政府は一帯一路の要となる新疆ウイグル自治区の治安を維持するためとして、ウイグル族を再教育施設に強制収容しているとの報道もあります。ウイグル族は主にイスラム教徒です。彼らは中国の共産主義に従わず、そのことを不都合と捉えた中国政府は彼らに強制労働を強いているとされます。さらには、なかば強制的な人口管理に及んでいるともされ、それらの点が国際社会から強い批判を受けています。

中国の地政学
Question 02

中国が尖閣諸島を狙っている理由は？

Answer 02

尖閣諸島付近の資源と深海域が欲しいから

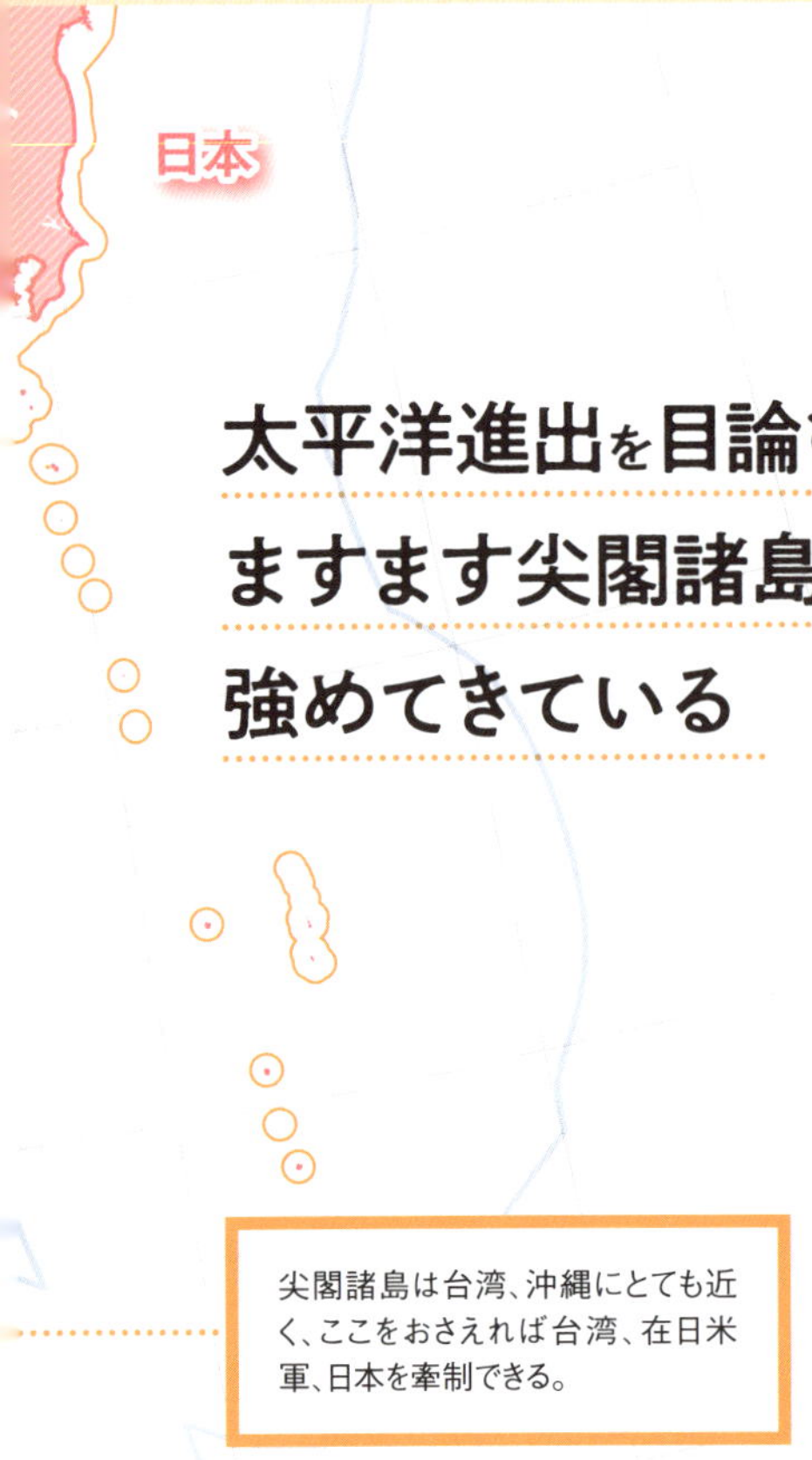

日本
太平洋進出を目論む中国は、ますます尖閣諸島への進出を強めてきている
尖閣諸島は台湾、沖縄にとても近く、ここをおさえれば台湾、在日米軍、日本を牽制できる。

尖閣諸島は、魚釣島《うおつりじま》、北小島、南小島、久場島《くばしま》などの島から構成され、沖縄県石垣市に属しています。日本政府は2012年9月11日に尖閣諸島を民間から買い上げ、国有化しました。**尖閣諸島は、長い歴史や国際法上の観点からも日本固有の領土で間違いありません。**

以前中国は、尖閣諸島を日本の領土と

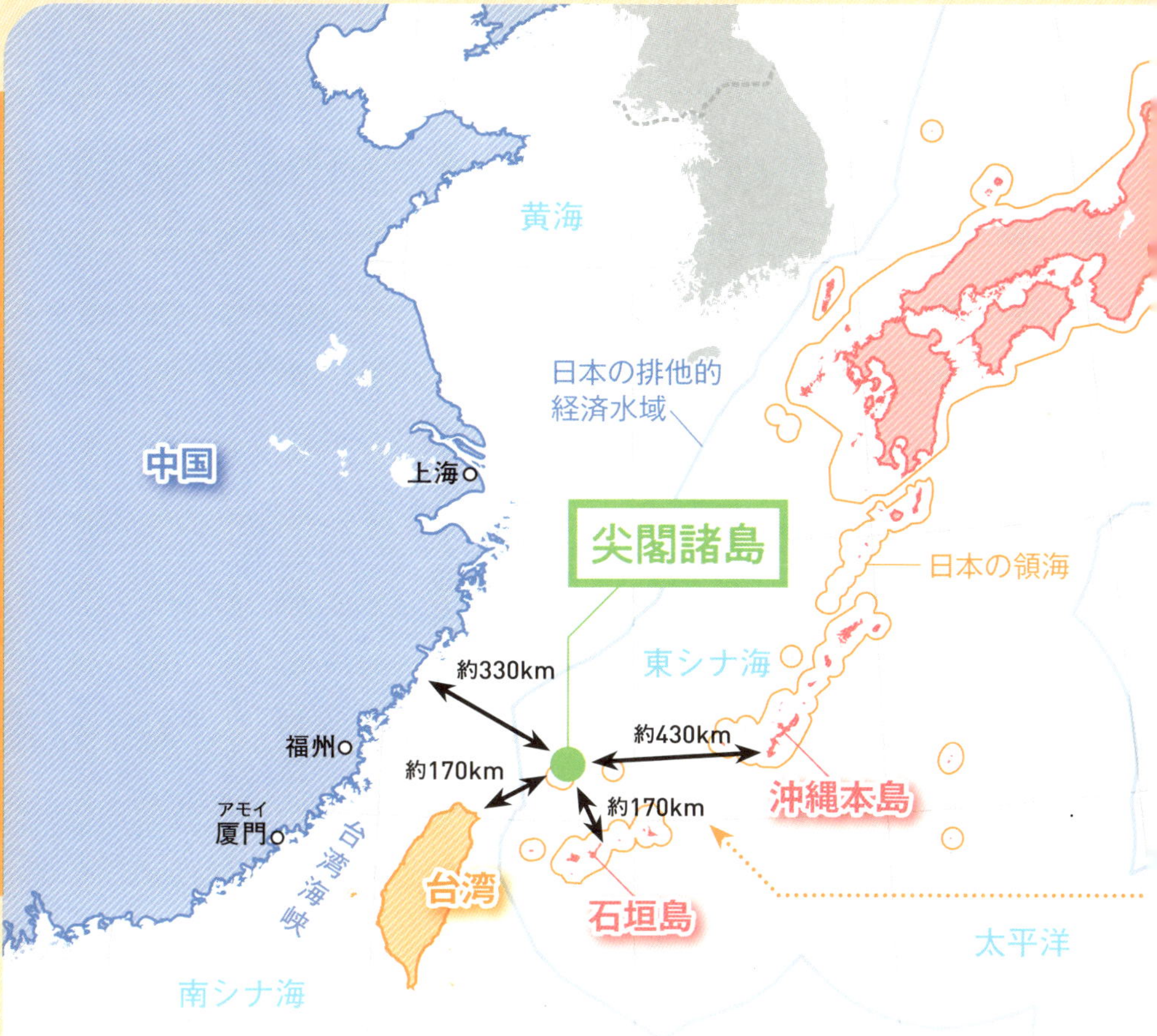

して認識していたと思われます。現に1953年1月、中国共産党の機関紙である人民日報には、尖閣諸島を沖縄の一部と認識している内容の記事があります。（これは解釈に基づくものであり、中国政府の公式な立場を示すものではないという指摘もあります）。その他にも、中国が尖閣諸島を日本領と認識していたことを裏付ける記述が多々あると、外務省は主張しています[※35]。しかし、**1969年、国連の資源調査報告書で東シナ海に石油埋蔵の可能性が指摘されると、中国と台湾が尖閣諸島の領有権を主張してきました。**

中国政府は明《みん》の時代から自国の領土だと主張。1992年に「領海法」を制定した際、尖閣諸島は中国の領土に属するとしたのです。2008年以降は中国政府の船舶が尖閣諸島周辺の領海に侵入す

中国の地政学

Question 02

中国が尖閣諸島を狙っている理由は?

A.02 尖閣諸島付近の資源と深海域が欲しいから

る事案がたびたび発生。2013年には一方的に尖閣諸島上空を含んだ防空識別圏を設定し、指令に従わない航空機には防空措置をとると表明しました。**今も中国は日本に対し数々の挑発行為を繰り返しています。**

中国が尖閣諸島に執着するのにはいくつか理由があります。中国は太平洋進出を手がかりに、ランドパワーとシーパワー（➡P16）の両方を手に入れようとしています。しかし、P2を見るとわかるように、中国からすると日本列島は海洋進出を塞《ふさ》ぐ長大な壁に思えるのです。そんな中、九州と台湾の間には少しだけスペースが空いています。そこに尖閣諸島は位置します。**海洋進出の突破口として、尖閣諸島は地政学的に重要な場所なのです。**

加えて中国は、**尖閣諸島周辺の深海域は資源の宝庫**と考えています。まず石油埋蔵の可能性です。1969年の国連機関の資源調査報告書には、台湾の北東海域にイラクやクウェートの埋蔵量（1000億バレルクラス）に匹敵する石油・天然ガスがある可能性が示されていました。ただ、日本の資源エネルギー庁による2006年の試算では、原油埋蔵量は約32億バレル[※20]とおよそ30分の1に減りました。それでも原油価格に換算すると約40兆円（2024年7月時点）となり、かなりの資源になります。

その上、**尖閣諸島近辺の東シナ海には、中国がシーパワーを手に入れるために必要な1000m級の深い海があります。**弾道ミサイルも搭載できる原子力潜水艦を潜ませるには、発見されにくい深い海が望ましいとされます。どんな強力な核兵器を保有していても所在地がわかれ

Deguchi's Scorp

ニュースの「いま」がわかる！ 出口スコープ

領海侵入を続ける中国

日本が尖閣諸島を国有化して以降も、日本の領海の外側に設定された接続水域に中国海警局の船が航行しています。その日数は2022年の1年間で336日に上り※21、2023年はこれを上回り、過去最多を更新。日本の領海内に侵入することも常態化しています。また、毎年8月になると、中国政府が尖閣諸島周辺を含む東シナ海の漁場に設けた禁漁期間が明けます。尖閣諸島周辺は水産資源が豊富で、毎年この時期は、中国から200〜300隻《せき》もの漁船が押し寄せるのです。

ば、先制攻撃で無力化されてしまいます。なお、中国の領海や黄海は深度が浅く、深くても100mを超えるぐらいで、原子力潜水艦を潜ませたとしても、現代技術では索敵《さくてき》されてしまいます。**その点、東シナ海の深い海があれば、原子力潜水艦をバレずに隠すことができます。**核を原子力潜水艦の中に保管し、移動させ続ければ、所在地はわからなくなります。米軍は世界中の深海に核を搭載する原子力潜水艦を待機させているとも。敵対国からすると、どこから核ミサイルを打ってくるかわからないというリスクを考えなければならず、これが大変な抑止力になります。

このように、中国が尖閣諸島を狙い続けることには様々な理由が隠されています。

中国の地政学
Question 03

南シナ海を巡って中国とフィリピンがもめているのはなぜ？

Answer 03

中国は南シナ海を制することでシーレーンをおさえたいから

南シナ海を巡る中国とフィリピンの争い

1953	中国が九段線を設定
1982	中国が第1列島線と第2列島線を設定
1995	中国がスプラトリー諸島東方のミスチーフ礁《しょう》に、中国漁民のための避難施設を建築し、占拠
1999	中国に対抗したいフィリピン国軍は、シエラマドレ号をあえてスプラトリー諸島東方アユンギン礁に「座礁」。海兵隊員らを駐在させることで実効支配の拠点とした
2014	フィリピンがアメリカと防衛協力強化協定（EDCA）締結。フィリピン国内に米軍の一時駐留が可能に
2016	フィリピンが提訴し、常設仲裁裁判所は九段線について「国際法上の根拠がない」と判決

中国と台湾、東南アジアの国々は南シナ海の領有権を争い続けています。**特に中国とフィリピンの間で緊張が高まっています。**中国が南シナ海の領有権をアピールする裏には、紀元前2070〜1600年の夏王朝（中国の伝説上、最古といわれる王朝）と漢王朝の時代に起源があるという主張があります。1947年

海洋進出を狙う中国に対抗する東南アジア諸国

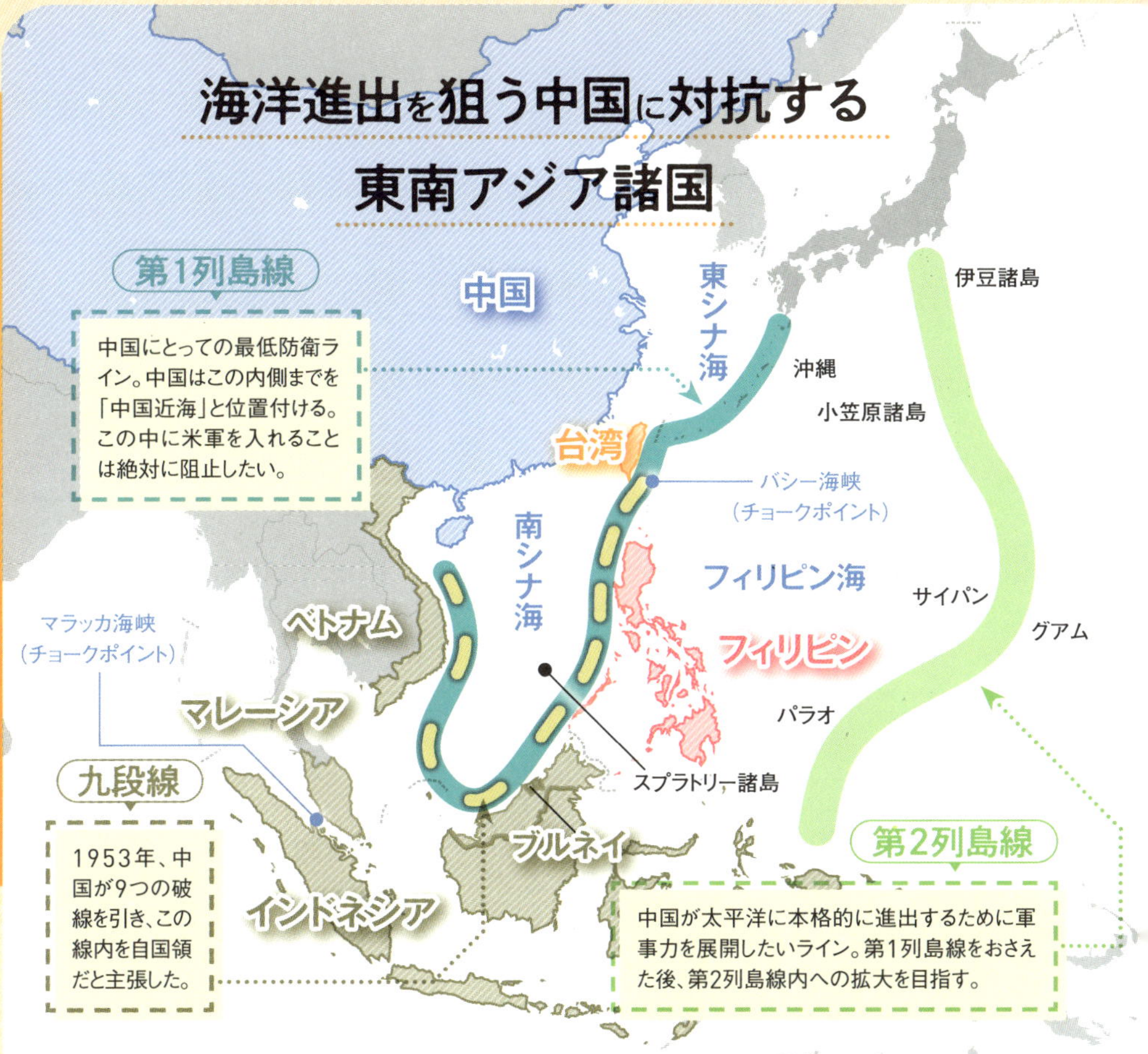

第1列島線
中国にとっての最低防衛ライン。中国はこの内側までを「中国近海」と位置付ける。この中に米軍を入れることは絶対に阻止したい。
九段線
1953年、中国が9つの破線を引き、この線内を自国領だと主張した。
第2列島線
中国が太平洋に本格的に進出するために軍事力を展開したいライン。第1列島線をおさえた後、第2列島線内への拡大を目指す。
中国
東シナ海
南シナ海
台湾
沖縄
伊豆諸島
小笠原諸島
バシー海峡（チョークポイント）
フィリピン海
フィリピン
サイパン
グアム
パラオ
ベトナム
マラッカ海峡（チョークポイント）
マレーシア
スプラトリー諸島
ブルネイ
インドネシア

には蒋介石《しょうかいせき》率いる中華民国が南シナ海の調査をし、その大半が領海であるとして「十一段線」を引きました。その後、中華人民共和国となり、「九段線」と改めました。

中国は南シナ海を制することでシーレーン（➡P20）の支配を狙っています。実は、中国は原油生産量世界第6位の国[※7]である一方、巨大な国内市場を抱えているため石油消費の7割を輸入に頼っています[※22]。**一帯一路でパイプラインの建設も進めていますが、まだまだ輸入する石油の多くは、南シナ海を通るので、このシーレーンは中国の生命線ともいえます。**さらに、南シナ海を制することで、日本や台湾、東南アジア各国への威圧力は強大なものになります。加えて、太平洋西部でのアメリカ海軍の動きも牽制することができるため、中国にとって地政

中国の
地政学
Question 03

南シナ海を巡って中国とフィリピンがもめているのはなぜ?

A.03 中国は南シナ海を制することでシーレーンをおさえたいから

学的にとても重要な場所なのです。

その他にも、**南シナ海の海底には大量の原油や天然ガスが埋蔵されている可能性があり、中国は１２５０億バレルの原油が眠っていると予測しています**※23。

すなわち同海域を制すれば、さらなる資源を手に入れられるのです。また、東シナ海と同様、南シナ海も原子力潜水艦を潜ませるだけの水深があります(➡P98)。一方、アメリカは、南シナ海を公海だと主張し、同海域の領有権は国連海洋法条約によって定められるべきだとしています。

そもそも、中国とフィリピンはいつから南シナ海において睨み合いを続けているのでしょうか。19世紀末からアメリカ領だったフィリピンは、第二次世界大戦が終わり１９４６年に独立した後も、米軍が駐留していました。しかし、冷戦終結や反米機運の高まりなどにより、国会が駐留の延長を否決し、**１９９２年までに米軍はフィリピンから撤退しました。**

ところがこの年に、中国はスプラトリー諸島（南沙諸島《なんさしょとう》）などの権益を主張する領海法を制定し、１９９５年にフィリピンの排他的経済水域（ＥＥＺ）内にあるミスチーフ礁に建造物を建て、実効支配を開始しました。これに対抗し、フィリピンは１９９９年に同諸島のアユンギン礁に自国の軍艦をあえて座礁させ、軍の拠点とします。中国とフィリピンは本格的に対立することになりました。その前年の１９９８年にフィリピンは「アメリカと訪問米軍に関する地位協定（ＶＦＡ）」を締結。**２０１４年には防衛協力強化協定（ＥＤＣＡ）も結び、フィリピン国内の軍基地で米軍の一時駐留が可能になりました。**アメリカがバックについ

Deguchi's Scorp

ニュースの「これから」がわかる! 出口スコープ

結束を強くするフィリピンと日本

中国が打ち出した一帯一路(➡P92)には当初、フィリピンも参加していました。ところがフィリピン政府は、「中国は参加国への投資に積極的でない上、南シナ海での横暴は目に余る。中国に頼らなくてもアメリカや日本が助けてくれる」と2023年に一帯一路から離脱。中国が資金援助する予定だったフィリピンの鉄道建設プロジェクトには日本、インド、韓国から融資の申し出があり、日本が新たなスポンサーとなりました。今後、フィリピンと日本は「対中」のもとに協力関係を強化していくものと思われます。

たフィリピンは領有権を譲らない姿勢を見せています。

ただ、フィリピンにとって中国は重要な貿易相手国でもあります。領有権を争う一方で、2023年1月にはフィリピンのマルコス大統領は、北京で習近平国家主席と会談しました。そこで南シナ海の共同開発に関する交渉再開やインフラ建設の協力で合意し、中国から228億ドルの投資を受ける約束をしました。

しかし、2023年2月にフィリピンの巡視船が中国公船からレーザー照射をされる事件が発生。**そこから再びフィリピンと中国の南シナ海を巡る対立は激化します。**2024年3月には南シナ海でフィリピンの船が中国海警局の船に衝突、放水されました。フィリピン政府は強く非難し、中国側もこれに反発。両国の緊張状態はますます強まっています。

中国の地政学
Question 04

なぜ中国はウイグルの独立を許さないのか？

Answer 04

地政学的要衝だから

中央アジアに近い、中国北西部に位置するのが新疆ウイグル自治区です。日本の4倍以上の広さがあり、中国の省・自治区の中で最大です。人口の半分近くをウイグル族が占めます。ウイグル族はかつて遊牧民で、モンゴル高原を支配したこともありました。彼らには固有の言語や文化、宗教があり、現在のウイグル族

自治区は全部で5つある

吉林省
黒竜江省
京市
遼寧省
天津市
北省
日本
山東省
河南省
江蘇省
チベット仏教を信仰するモンゴル族が主に居住。
1947年に中国初の自治区に組み込まれる。
安徽省
北省
上海市
浙江省
江西省
福建省
台湾
東省
香港特別行政区
カオ特別行政区

中国が設けた3つの主な自治区。

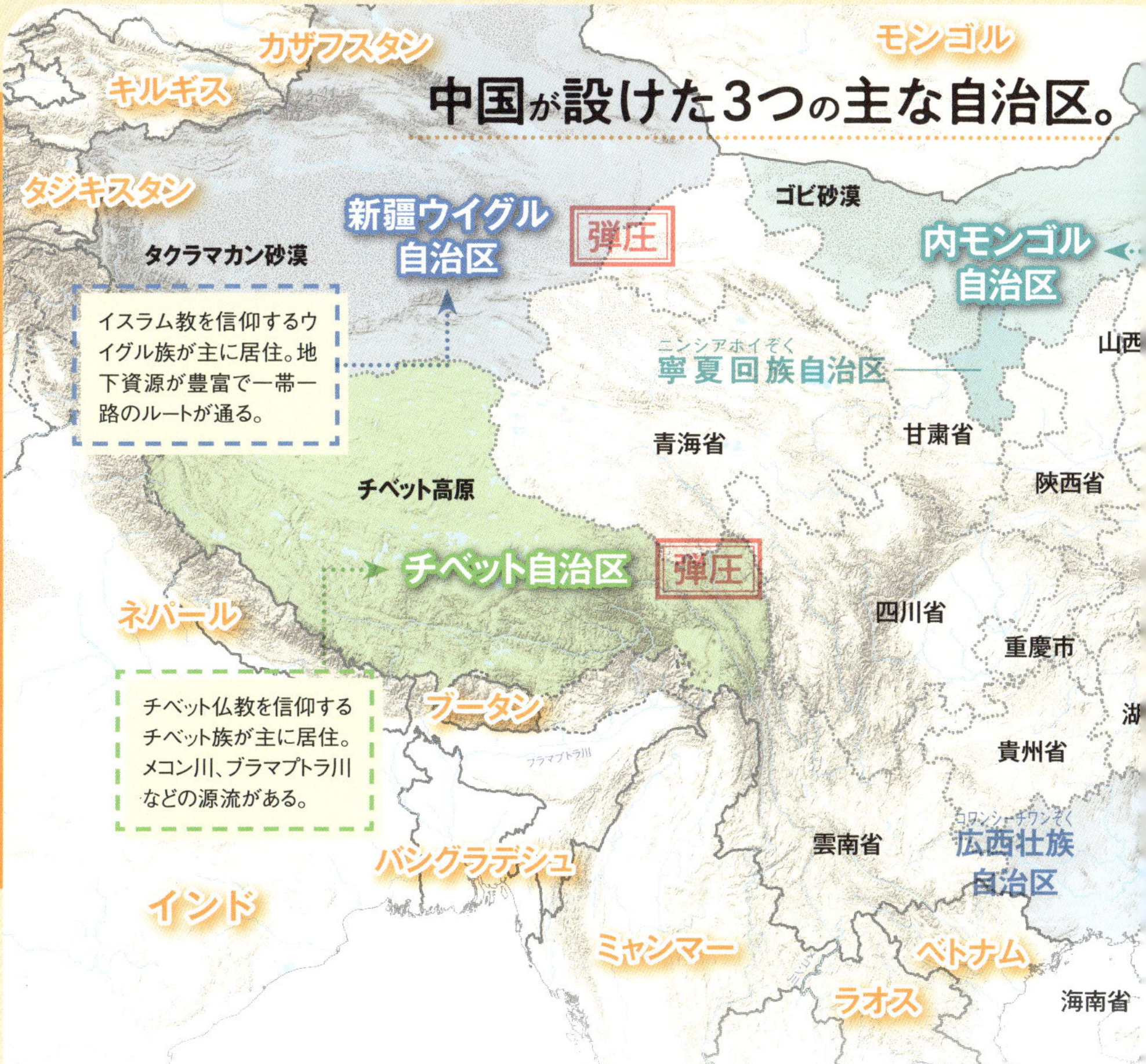
カザフスタン
モンゴル
キルギス
タジキスタン
新疆ウイグル自治区
弾圧
ゴビ砂漠
内モンゴル自治区
タクラマカン砂漠
イスラム教を信仰するウイグル族が主に居住。地下資源が豊富で一帯一路のルートが通る。
寧夏回族《ニンシアホイぞく》自治区
山西
青海省
甘粛省
陝西省
チベット高原
チベット自治区
弾圧
ネパール
四川省
重慶市
チベット仏教を信仰するチベット族が主に居住。メコン川、ブラマプトラ川などの源流がある。
ブータン
ブラマプトラ川
貴州省
雲南省
広西壮族《コワンシーチワンぞく》自治区
バングラデシュ
インド
ミャンマー
ベトナム
ラオス
海南省

はイスラム教徒が主体です。

中国は56の民族からなる多民族国家ですが、９割以上が漢民族です。中国は漢民族以外の民族が多い土地には自治を認めており、建前上は信仰の自由も認めていますが、**近年、イスラム教徒への締め付けを強化しています。その背景にはイスラム過激派組織の存在があります。**

２０００年代、２０１０年代前半に新疆ウイグル自治区では、イスラム過激派組織「東トルキスタン・イスラム運動」が独立を目的にテロを引き起こしました。共産主義で独裁体制の中国にしてみれば、テロを起こして独立を試みる新疆ウイグル自治区は脅威であり、そこに住む少数民族ウイグル族に弾圧を加えています。

そんな中、中国政府がウイグル族への弾圧を強化したのは２０１４年４月の爆破テロがきっかけともいわれています。習

中国の
地政学
Question 04

なぜ中国はウイグルの独立を許さないのか?

A.04 地政学的要衝だから

近平が新疆ウイグル自治区を視察した際、ウルムチ南駅が爆破され、多くの死傷者が出ました。それ以降、中国当局はテロ対策として締め付けを強化します。ウイグル族をはじめ約100万人のイスラム教徒が拘束され、数十万人が強制収容所に収監されたと見られています。

中国政府はイスラム系少数民族に対して、教育や職業訓練を行っているとしていますが、実際のところは鎖に繋がれ、大声で革命歌を歌わされ、ウイグル族を「漢民族化」する再教育が行われているといわれています。また、ウイグル族の人口をこれ以上増やさないように、人工中絶や不妊手術など非人道的な行為がなされているとされます。

ウイグル族に独立を認めないのは、地政学的な理由もあります。まず新疆ウイグル自治区がインド、カザフスタン、ロシアなど8ヵ国と接する軍事上の要衝であること。また、「一帯一路」(⬇P92)の重要なルート上に位置し、石油、天然ガス、綿花などの資源に恵まれていることが理由としてあげられます。

中国当局が弾圧しているのはウイグルだけではありません。チベット自治区も同様です。実は、**チベットも地政学的に重要な場所にあたり、メコン川やブラマプトラ川などの源流があります。**中国はチベット高原周辺に水力発電のためのダムを建設し、中国側へ水を引こうとしています。それにより、下流に位置するインドやラオスなどは水量や水路の変化が懸念されるため、中国と下流の国は対立しています。いわば、**チベットは「内陸のチョークポイント」といえるでしょう。**

チベットはチベット仏教の最高指導者ダライ・ラマにより政教一致体制が約3

Deguchi's Scorp

ニュースの「これまで」がわかる! 出口スコープ

ウイグル族の起源は遊牧民

ウイグル族の祖先は「テュルク」と呼ばれる放牧民です。彼らの一部は、現在の新疆ウイグル自治区あたりで西ウイグル王国を建てるも13世紀、元に帰属すると国を失います。1775年以降、清の支配下に入ってからは、基本的に中国の支配が続きます。テュルク系イスラム教徒によって、1933年と1944年、東トルキスタン共和国(第一次、第二次)が樹立されますが、中国により制圧。1954年、中国はソ連に対する国境防衛を強化すべく、ウイグルに屯田兵《とんでんへい》を派遣。1955年には新疆ウイグル自治区が設置されたのです。

００年続きました。しかし中国人民解放軍の侵攻により、チベットは中国に併合され、多くの人々が殺害されました。チベット自治区はチベット仏教を信仰している人が大半ですが、彼らはテロを起こすことはありません。その代わりに自らの命をもって抗議する「焼身自殺」が知られています。

チベットもウイグルも外国メディアの立ち入りができず、その情報が日本に入ってくることはほとんどありませんが、中国の振る舞いは国際社会から非常に問題視されています。２０２２年に北京で開催された冬季五輪で、アメリカなどはウイグル族が弾圧されているとして、北京五輪に政府当局者を派遣しない「外交ボイコット」を行いました。

中国の
地政学
Question 05

台湾の総統が代わって中国と衝突の可能性は？

Answer 05

すぐにはなくとも、中国は民進党政権にじわじわと圧力をかける

2024年1月、台湾の蔡英文《さいえいぶん》総統の後継を決める総統選挙の投開票が行われ、与党・民進党の副総統、頼清徳《らいせいとく》が勝利しました。民進党は中国との統一を明確に否定しています。もちろん、中国との関係だけが選挙の争点ではありませんが、**民進党候補が当選したという結果を見ると、台湾の現状維持路線が支持された形**

中国と台湾の関係

- **1949** 国共内戦で敗れた中華民国が台湾に逃れる
- **1971** 国連は中華人民共和国を中国の代表として承認
- **1972** 日本は中華人民共和国（中国）と国交正常化。中国は、1979年にアメリカとも正式に国交を結ぶ
- **2005** 台湾独立を掲げ、再選された民進党の陳水扁《ちんすいへん》総統を警戒した中国が反国家分裂法を制定
- **2016** 民進党の蔡英文が総統選挙で勝利し、初の女性総統が誕生。中国は蔡政権成立によって独立の動きが加速することを警戒。中台関係が悪化した

中国が掲げる「第1列島線」内に位置する台湾

福州
馬祖島
東シナ海
中国
莆田
福建省
尖閣諸島
台湾海峡
台北
桃園
新北
泉州
与那国島
西表島
石垣
厦門
台中
台湾山脈
金門島《チンメンタオ》
花蓮
日本
台湾
中国の第1列島線
澎湖諸島《ポンフー》
中国-台湾本島間は最も狭い箇所で約130km。これは新宿から宇都宮市ぐらいまでの距離。
台南
高雄
蘭嶼
北東部を除き、台湾の東側には山脈が連なり崖が多く、海からの上陸が難しい。
バシー海峡

になります。

台湾本島は中国から約130km離れた場所に位置し、中国が海洋上に設定した軍事的防衛ラインの一つ「第1列島線（⬇P101）」内にあります。中国は台湾を支配下に置くべきと考えています。台湾を支配下に置くことは、「中国は一つ」という中国共産党のイデオロギーをかなえ、発展した経済地域を組み入れることを意味します。さらには、**太平洋への出口を手に入れることになり、沖縄やグアム、ハワイなどに駐留する米軍の脅威になり得るからです。**

中国と台湾では歴史認識が異なります。中国側は清の時代から台湾は支配下にあり、一度日本に台湾を明け渡したものの、第二次世界大戦後、再び台湾は中国のものになったとしています。しかし、台湾側の認識は異なり、台湾はそもそも19

中国の
地政学
Question 05

台湾の総統が代わって中国と衝突の可能性は?

A.05 すぐにはなくとも、中国は民進党政権にじわじわと圧力をかける

11年の辛亥革命《しんがいかくめい》を経て建国された「中華民国」であるとします。かつて、中華民国と毛沢東《もうたくとう》率いる中国共産党は第二次世界大戦前後、内戦を続け最終的に共産党が勝利。中華人民共和国を建国するのです。敗れた中華民国は台湾に逃れました。そういった経緯があるため、台湾側は「そもそも中華人民共和国の一部だったことは一度もない」としています。

では、以前から危ぶまれている台湾有事、つまり台湾と中国の戦争は起こるのでしょうか。現時点では、その可能性は低いと考えられます。**まず、台湾（とアメリカ）を相手に、軍事作戦が100%成功する保証はありません。**台湾への侵攻は、上陸作戦を含む大規模な軍事行動が必要です。中国は長らく一人っ子政策をとっており、親は大切な一人の子を戦争で失うわけにいかないと考えています。もしも戦争が起きて、人民解放軍から大量の犠牲者を出すようなことがあれば国内で暴動が起きかねません。

ただ、**中国は軍事的圧力ではない形で台湾への圧力を強めていく**と考えられます。2024年2月、台湾が実効支配する金門島沖で、台湾海洋当局の取り締まりから逃れようとした中国漁船が、転覆する事故が起きました。この事故を機に中国側は「（台湾の設定した）禁止・制限水域は存在しない」とし、中国海警局の船が「禁止・制限水域」に侵入し、パトロールや演習を展開するようになりました。同年2月末には中国海警局の船が、金門島付近の海域で台湾の観光船への臨検を実施します。これは「禁止・制限水域」の無効化を図るとともに、民進党政権への圧力を強める狙いがあるとされています。

Deguchi's Scorp

ニュースの「これまで」がわかる！ 出口スコープ

日台関係はとても曖昧

台湾は親日として知られ、日本でも台湾が好きな人が多いかと思います。しかし実は、日本と台湾の間に正式な国交は樹立されていません。1972年、日中国交正常化の際に、中国側が台湾との関係断絶を要求し、日本はそれを受け入れました。しかし、「台湾は中国の一部」という主張に対して、日本は認めたわけではなく「尊重する」といったスタンスをとり、台湾との関係を継続させます。また、台湾は半導体大国ですから経済的な重要度も大きく、日本は台湾と友好的な関係を築いています。

そして、注視すべきは中国の**「戦わずして勝つ」**という戦略です。人民解放軍は世論戦・心理戦・法律戦の**「三戦」を重視**しているといわれています。これは、武力以外で他国を弱体化させる手段を指します。AIの技術が進化したいま、フェイク情報をつくることが容易になり、SNSやインターネットといったプラットフォームも発達したことで、フェイク情報を不特定多数に向けて拡散することが可能になりました。他にも、SNSで中国に好意的な意見を台湾に流し、台湾に住む人たちの独立機運を減少させる作戦などが考えられます。サイバー攻撃もあり得ますし、**これからは現代ならではの方法で「台湾統一」を狙ってくることでしょう。**

中国の地政学
Question 06

中国とインドが衝突したのはなぜ？

Answer 06

国境線がまだ確定していないから

1947年、インドとパキスタンは連合王国（UK）から独立し、ヒンドゥー教徒の多い地域がインド、イスラム教徒の多い地域がパキスタンとなりました。しかし、カシミール地方に存在したカシミール藩王国の王ハリ・シングはヒンドゥー教徒だったためにインド帰属を目指すも、住民の大半を占めるイスラム教徒

印・パ・中の国境を巡る動き

1914	シムラ会議でマクマホン・ライン設定
1947	インドとパキスタンが連合王国から独立 第一次印パ戦争が勃発
1962	マクマホン・ラインとカシミール地方で 中印国境紛争が勃発
1965	第二次印パ戦争勃発
1967	国境沿いで中国とインドが軍事衝突
1974	インドが核実験を行う
2020	6月に、中国とインドの両軍が カシミール地方のガルワン渓谷で衝突
2022	12月に、中国とインドの両軍が アルナーチャル・プラデーシュのタワン地区で衝突

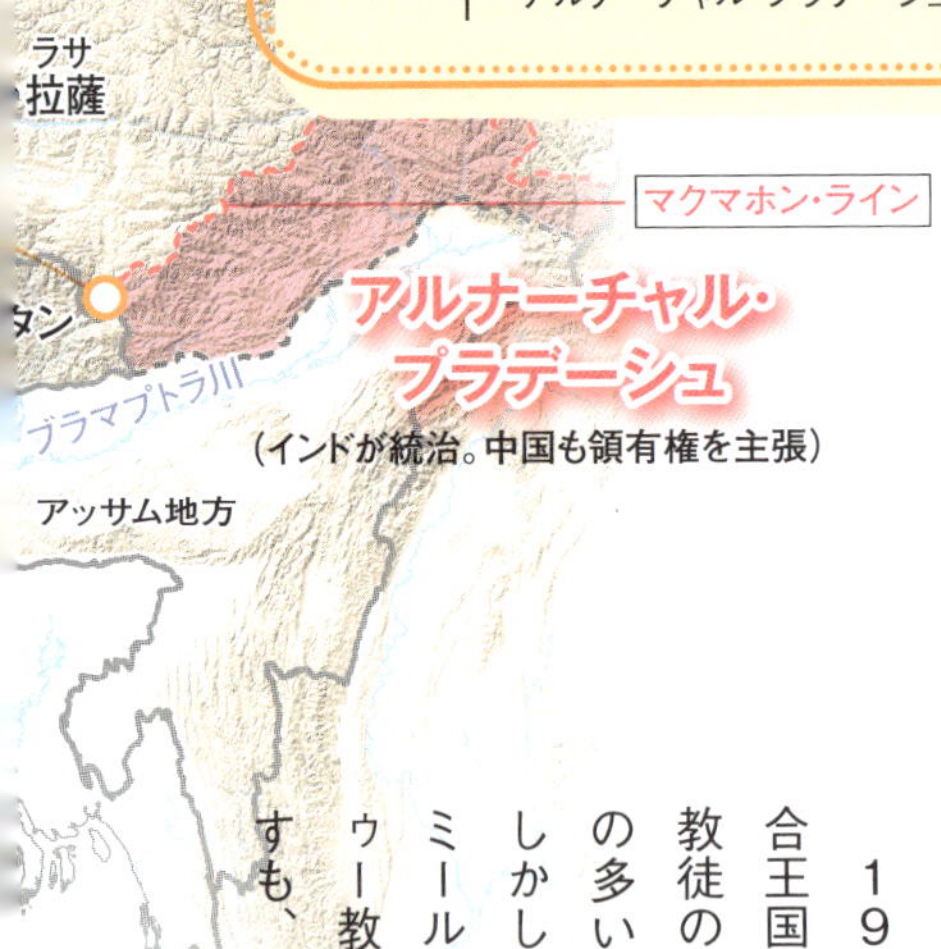
ラサ
拉薩
マクマホン・ライン
タン
アルナーチャル・プラデーシュ
ブラマプトラ川
（インドが統治。中国も領有権を主張）
アッサム地方

紛争を抱える インド・中国・パキスタン地域

タクラマカン砂漠
タジキスタン
パミール高原
崑崙山脈
パキスタン実効支配地域
ギルギット
ギルギット・バルティスタン
カラコルム山脈
アクサイチン
阿克賽欽
中国実効支配地域
アフガニスタン
スリナガル
ガルワン渓谷
イスラマバード
ジャンム・カシミール
ラダック
アザド・カシミール
パキスタン
インド実効支配地域
中国
チベット高原
インダス川
カシミール地方
ヒマラヤ山脈
ネパール
ニューデリー
インド
ガンジス川
バングラデ

1947年、カシミール地方の帰属を巡り、第一次印パ戦争が勃発。インド軍優勢のうちに休戦。しかしその後、1962年の中印国境紛争で、アクサイチンに中国人民解放軍が侵攻し、中国が実効支配を成功させると、パキスタンもそれに影響を受け、1965年8月には武装集団をインド支配地域へ送り込んだ。これにインド軍が反応し、第二次印パ戦争が勃発した。

が反発。これに、インドとパキスタンの両国が軍を派遣し、**第一次印パ戦争**が勃発します。

一方、中国とインドの国境は東西約3500㎞にわたり、国境地域の多くはヒマラヤ山脈が連なっています。**中国とインドの国境を巡る対立は、チベット仏教の最高指導者のダライ・ラマ14世がインドに亡命をしたことに端《たん》を発します。**

1951年より、チベットは中国に支配されていました。それに反発したチベット族は、1959年に中国人民解放軍と衝突しますが、チベットは鎮圧され、ダライ・ラマ14世はインドに亡命。インドの首相ネルーはダライ・ラマ14世の支持を表明し、中国を批判したため、中印関係は悪化しました。その後1962年10月、中国人民解放軍とインド軍が衝突し、武力紛争が勃発（中印国境紛争）。

中国の
地政学
Question 06

中国とインドが衝突したのはなぜ?

A.06 国境線がまだ確定していないから

これは、**インド北東部とチベット間の境界線「マクマホン・ライン」上と、カシミール地方のアクサイチンなどで起きました。**この「マクマホン・ライン」というのは、1914年に当時インドを支配していた連合王国、中国、チベットの三者によって行われたチベット独立に関するシムラ会議の際、連合王国代表のマクマホンとチベット全権との間で決められた国境線です。**しかし、中国はこのマクマホン・ライン含め、チベット独立を承認していません。**同境界線を巡っては、1967年にも衝突が起きました。中印国境紛争後、中国はアクサイチンを実効支配し、現在まで続きます。

ただし、1993年から両国の関係は改善。2013年まで両国の政府が国境に関する協定5つに調印し、ともに経済成長が加速する中で、中国にとってインドは最大の貿易相手国となったのです。双方とも国境問題は抱えつつも、**「協力できるところは協力する」というスタンスで関係を続けてきました。**

ところが2020年、風向きが変わります。インド北部と中国西部との国境地帯に位置するガルワン渓谷で中国とインドの両軍が衝突。この衝突では24人もの死者が出ました。また2022年12月にもマクマホン・ラインの南にあるタワン地区でインドと中国軍が衝突。インドの国防相は、中国がインドの領土に侵入したと主張したのに対し、中国政府は詳細を明らかにしていません。これにインドは誠意がないと感じ、中国に不信感を抱いたようです。

加えて、2023年9月に開催された20カ国・地域（G20）首脳会議に習近平が欠席し、インドの不信感はさらに募り

Deguchi's Scorp

ニュースの「いま」がわかる！ 出口スコープ

中・印・ロの微妙な関係

中国と国境を巡って衝突を繰り返してきたインド。西側諸国が主導したウクライナ侵攻に対するロシアへの制裁に参加せず、「ロシア寄り」として知られています。遡ると、印パ戦争の際、インドを支援したのはソ連であり、そこからインドとロシア（ソ連）の友好的な関係は続いています。そんな中、ウクライナ侵攻後、ロシアと経済的な結び付きを強めているのは中国。インドは、友好関係にあるロシアと敵対している中国が急接近していることを非常に警戒しています。

ます。この時のG20のホスト国はインドでした。インド側は正式なコメントは出していないものの、習近平の対応は冷ややかなものだと捉えているようです。これを受けて、インドは国境問題が解決しなければ、それ以外の面でも両国の関係は前進できないと主張しています。

さらに、中国が打ち出している「一帯一路（➡P92）」もインドとの関係を冷え込ませています。一帯一路で中国はインド洋進出にも意欲を見せています。中国は「債務の罠」（➡P94）により、インドの隣国であるミャンマーやパキスタンの港の運営権を得て、インド包囲網を形成しています。それに対し、インドは、インド洋進出を強める中国を警戒して、軍事力を強化。両国の国境だけでなく、インド洋でのぶつかり合いも激しくなれば、さらなる本格的な衝突もあり得ます。

Column
04

香港でなぜ民主活動家が指名手配される？

2020年8月、香港の若き民主活動家の周庭《しゅうてい》さんが香港独立を目論み、国家の安全を脅かしたという理由から逮捕されました。10ヵ月の勾留《こうりゅう》期間を経て、2021年6月に釈放されましたが、2023年12月に留学先のカナダで事実上の亡命をしました。

なぜこのような事件が起きたのでしょうか。香港は「一国二制度」という特殊な状況にあります。150年以上にわたり連合王国（UK）の租借地だった香港が、中国に返還されたのは1997年のこと。

中国は共産主義の国ですが、長らく英国領だった香港では民主主義が認められていました。そのため、返還後も50年間は香港の資本主義体制と中国の共産主義制度を共存させる「一国二制度」のもとに自治が維持される予定でした。しかし、中国への返還後25年以上が経ち、選挙制度など、共産主義制度の押し付けが本格的に始まってしまいました。これに対し、香港の民主活動家は反中国政府デモを行いますが、2020年中国政府は、市民による反政府デモを公に処罰できる「香港国家安全維持法」を制定しました。

こうして、香港の民主活動家は次々に指名手配され、逮捕されてしまいます。

また、香港は世界有数のコンテナ港で、特に東南アジア諸国との貿易取引額が年々増加しています。「一帯一路」を実現するために、東南アジアとの関係強化をしたい中国にとって、香港は一日でも早く支配下に置きたい場所なのです。

PART

5

生活に大きく関わる！

中東のニュースを地政学で解く

私たちは頻繁に、
中東で起きた戦争や
テロに関する報道を目にします。
それらの裏には欧米の影が。
政情不安が続く中東のニュースを
地政学で解き明かします。

中東の
地政学
Question 01

なぜイスラエルとパレスチナは対立しているのか？

Answer 01

連合王国（UK）が「三枚舌外交」をしたから

イスラエルとアラブは長年、パレスチナを巡って対立をしてきました。

そもそも「パレスチナ」とは地中海の東、ヨルダン川より西の広範囲の地域を指す名称です。**なお現在、ヨルダン川西岸地区、ガザ地区**を総じて、「パレスチナ自治区」と呼んでいます。パレスチナにあるエルサレムはユダヤ教、キリスト

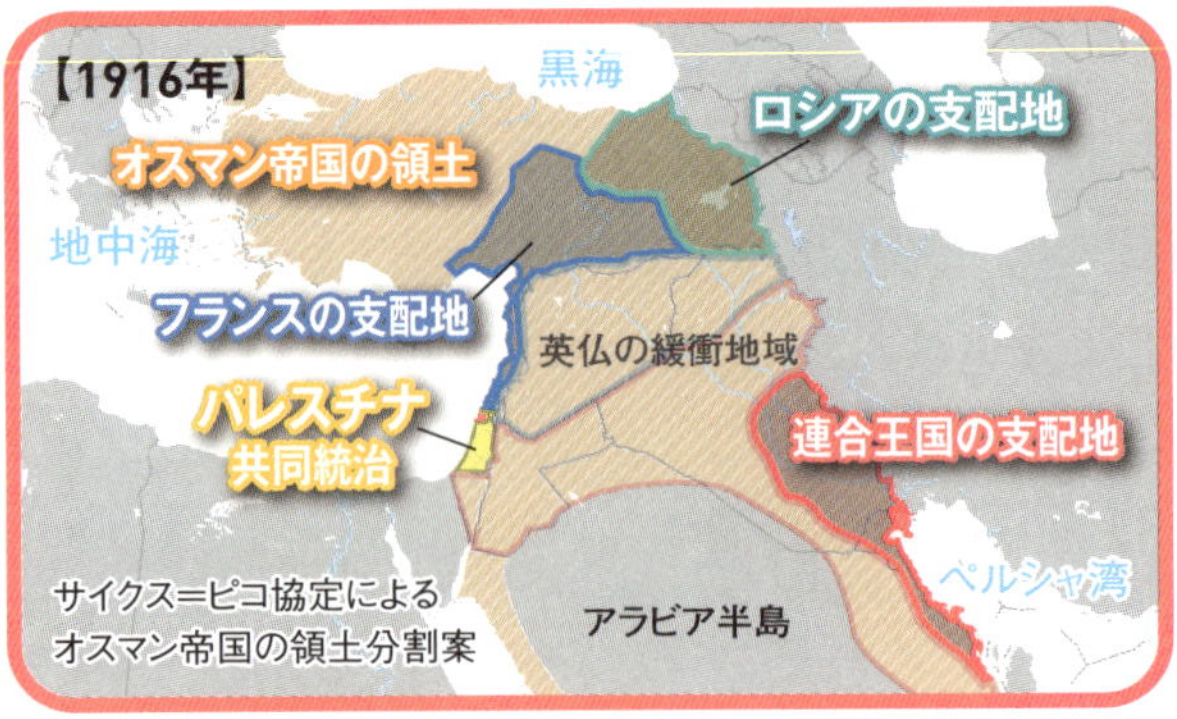
【1916年】
黒海
ロシアの支配地
オスマン帝国の領土
地中海
フランスの支配地
英仏の緩衝地域
パレスチナ
共同統治
連合王国の支配地
ペルシャ湾
アラビア半島
サイクス＝ピコ協定によるオスマン帝国の領土分割案

パレスチナを巡る動き

2世紀前半	ローマ帝国によってユダヤ人がエルサレムから追い出されて離散
1947	パレスチナ分割決議
1948～49	第一次中東戦争
1993	オスロ合意
2006	パレスチナ自治区でハマス政権発足
2023	10月にイスラエルとハマスが戦闘開始

パレスチナの変遷

ガザ地区

ヨルダン川西岸地区とともに「パレスチナ自治区」を構成し、東京都23区の半分強の土地に約142万人が住んでいる。恒常的な水不足に喘《あえ》ぎ、度重なる戦争で土地は荒廃しており、失業率は50％近くとされる。2007年6月には、当時ガザ地区を治めていたファタハ（➡P158）とハマス（➡P158）が衝突。結果、ハマスがガザ地区を武力で占拠し、その後実効支配を続けるが、しばしばイスラエル軍による空爆が行われてきた。隔離壁で囲まれており、常にイスラエル軍から監視されていることから「青空監獄」ともいわれている。

ヨルダン川西岸地区

人口約234万人。もともとアラブ人が居住していたこともあり、1993年のオスロ合意に基づき、ガザ地区と共に「パレスチナ自治区」になったが、約60％以上の土地でイスラエルの統治が続く。ガザ地区と異なり、この地区はファタハが力をもつ。

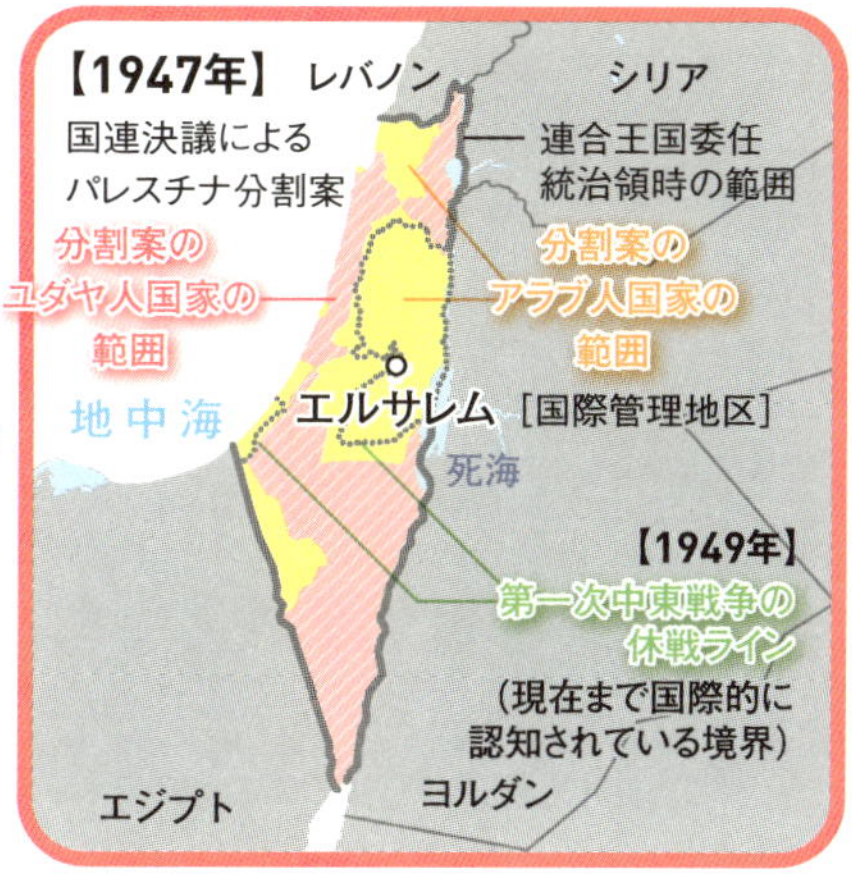

教、イスラム教のそれぞれの聖地があり、各宗教上重要な地域で、歴史上、さまざまな出来事に見舞われてきました。ユダヤ人とアラブ人はこのパレスチナの地を巡って対立を続けています。

イスラエルとアラブが衝突しているのは、連合王国のかつての外交政策にその発端があるとされています。第一次世界大戦で、オスマン帝国などと戦っていた連合王国は苦戦続きでした。そこで中東に暮らすアラブ人勢力と「フサイン＝マクマホン協定」（1915年10月）を結び、敵対していたオスマン帝国への反乱を呼びかけました。「アラビアのロレンス」の舞台となった時代です。一方、フランスとは「サイクス＝ピコ協定」（1916年5月）を結び、イラク東部のモースル地区などを英国領、シリアをフランス領とするなど、秘密協定を締結します。

中東の地政学

Question 01

なぜイスラエルとパレスチナは対立しているのか？

A.01 連合王国（UK）が「三枚舌外交」をしたから

さらに、「バルフォア宣言」（1917年11月）ではユダヤ人居住地の建設支援を約束します。これが「前史」です。なお、アラブ人勢力は「フサインの王国」をイラクにつくることで納得しました。**連合王国のこれらの動きは「三枚舌外交」とも表現されます。**

1922年、英国委任統治領となったパレスチナではユダヤ人の入植が始まり、混乱が起こりました。これを受けて、1947年に国連でパレスチナ分割決議が採択。**パレスチナはユダヤ人とアラブ人に分割され、1948年にはユダヤ人がイスラエルの建国を宣言したのです。**ユダヤ人は約2000年にもわたり、世界中に離散し、迫害されてきました。第二次世界大戦中にはナチスによるホロコーストもあり、自分たちの国をつくりたい、二度と迫害されることはないようにしたいという気持ちがあったのです。

一方、アラブ人からすると、パレスチナは自分たちの土地だったわけですから、当然イスラエルの建国に強く反発し、周辺のアラブ諸国も同調。1948年にエジプト、シリア、ヨルダン、レバノン、イラクの5ヵ国がイスラエルと戦うことになりました。この戦いを中東戦争といいます。戦いは1973年まで4回に及び、いずれもイスラエルが勝利します。戦争に勝利するたびにイスラエルは領土を拡大し、アラブ人は追われることになりました。1993年にはイスラエルとアラブ人勢力の間でオスロ合意がなされ、翌年**ガザ地区とヨルダン川西岸地区は「パレスチナ自治区」として認められました。**しかし、現在ヨルダン川西岸地区はその面積の60％以上がイスラエルの入植地となり、軍事支配下に置かれていま

Deguchi's Scorp

ニュースの「いま」がわかる! 出口スコープ

トランプとイスラエル

トランプは2017年の大統領時代にエルサレムをイスラエルの首都と認めました。2020年にはパレスチナの国家樹立を認める一方で、ヨルダン川西岸地区のイスラエル入植地ではイスラエルに主権があるという和平案を提案していますが、パレスチナ側に拒否されています。トランプがイスラエルを擁護するのは、支持基盤であるキリスト教福音派（➡P27）の存在があります。福音派は「ユダヤ人国家イスラエルは神の意志で建国された」と建国を支持しているため、トランプはこれを擁護しないわけにはいかないのです。

す。ヨルダン川西岸地区は、イスラエルの事実上の首都テルアビブからわずか25kmほどの距離にあります。**居住地不足を解消するために始まった入植ですが、イスラエルの安全を確保するための支配になっているのが明白です。**

２０００年にはアメリカの仲介により、キャンプ・デービッドで和平交渉を続けましたが、物別れに終わり、和平は実現に至りませんでした。そして２０２３年10月、ガザ地区のイスラム組織ハマスが、イスラエルにロケット弾を数千発打ち込むなど、戦闘が勃発しました。イスラエルの反攻は圧倒的で、数多くのガザ市民が犠牲者となる悲劇が続いています。**さらに、ヒズボラ（➡P158）とイスラエルの衝突も起こっています。**パレスチナを巡る対立は激化し、「世界で最も解決が難しい紛争」ともいわれています。

アメリカがイエメンのフーシ派を攻撃するわけとは？

Answer 02

フーシ派がチョークポイントの通行を妨害しているから

情勢不安が増す海上航路
ピ海
イラン
ホルムズ海峡
ルシャ湾
オマーン
支援
イエメン
アラビア海
ソマリア

2024年2月、アメリカと連合王国（UK）はイエメンの反政府武装組織であるフーシ派の拠点18ヵ所を空爆しました。攻撃対象は倉庫、ドローン、防空システム、レーダー、ヘリコプターなどで、**フーシ派の活動能力を劣化させることが目的でした。**そもそもフーシ派とは、イエメン北部を拠点に活動するイスラム教

フーシ派の商船攻撃など

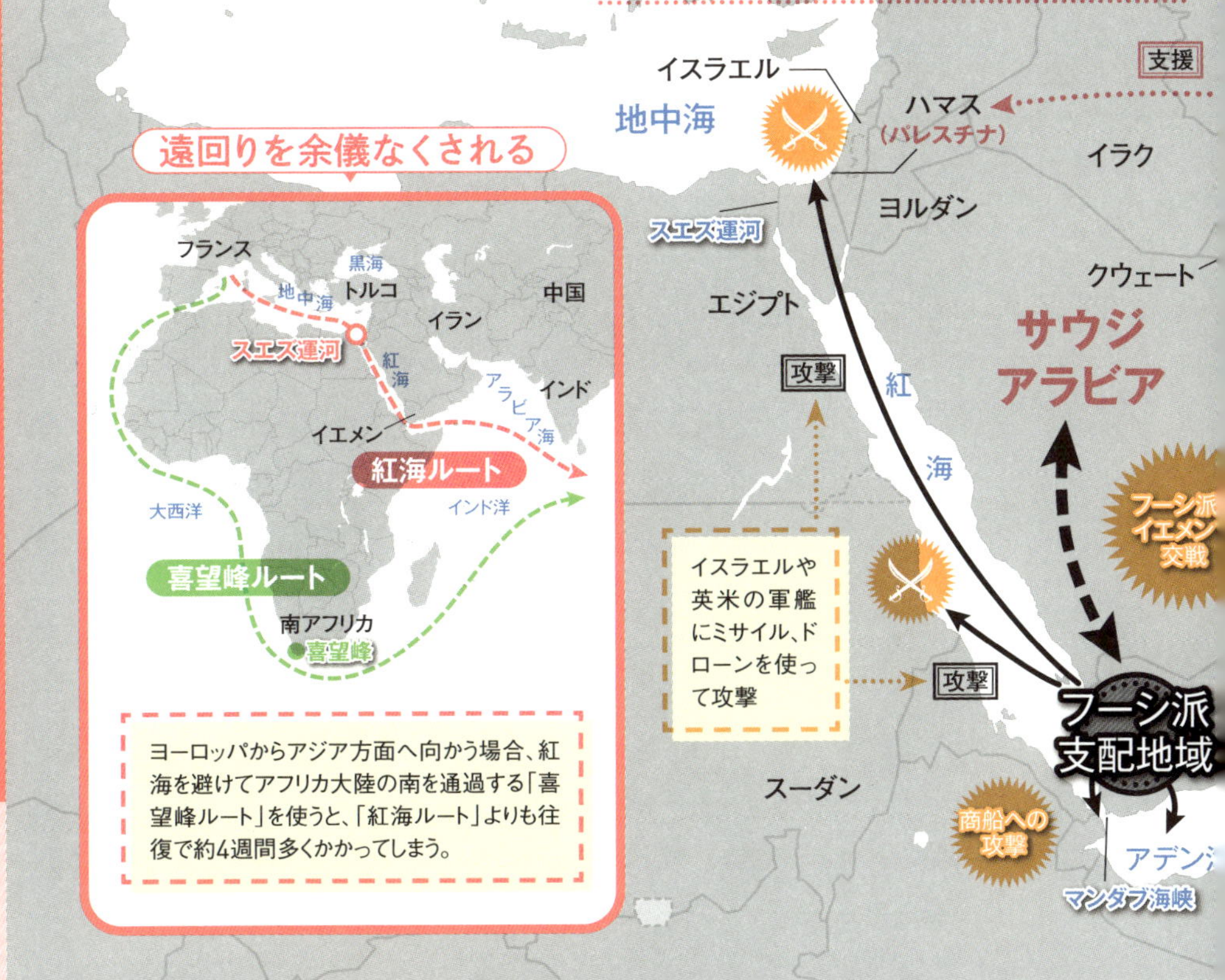

イスラエル
ハマス
（パレスチナ）
支援
地中海
イラク
ヨルダン
スエズ運河
クウェート
エジプト
サウジアラビア
攻撃
紅海
フーシ派イエメン交戦
イスラエルや英米の軍艦にミサイル、ドローンを使って攻撃
攻撃
フーシ派支配地域
スーダン
商船への攻撃
アデン湾
マンダブ海峡
遠回りを余儀なくされる
フランス
黒海
地中海
トルコ
中国
イラン
スエズ運河
紅海
アラビア海
インド
イエメン
紅海ルート
大西洋
インド洋
喜望峰ルート
南アフリカ
喜望峰
ヨーロッパからアジア方面へ向かう場合、紅海を避けてアフリカ大陸の南を通過する「喜望峰ルート」を使うと、「紅海ルート」よりも往復で約4週間多くかかってしまう。

シーア派（⬇P126）の分派にあたる反政府武装組織を指します。「フーシ」という名は、2004年に亡くなった初期指導者のフセイン・バドルッディーン・フーシに由来しています。

　フーシ派は2014年にイエメンの首都サヌアを支配下に置くと、政府施設を占拠するなど、一連の反政府活動を展開し、今日まで内戦を続けています。フーシ派は2023年11月以降、紅海南端のマンダブ海峡で、商船や軍艦をミサイル攻撃してきました。**フーシ派はイランの支援を受けており、イスラエルや西側諸国とつながりがあるとみなす船を攻撃しています。**これに伴い商船はスエズ運河を通る紅海ルートを避け、アフリカ大陸の最南端の喜《き》望峰《ぼうほう》を経由し、大きく遠回りするルートに切り替えています。

スエズ運河は世界でも最も重要な貿易

中東の地政学 Question 02

アメリカがイエメンのフーシ派を攻撃するわけとは?

A.02 フーシ派がチョークポイントの通行を妨害しているから

航路の一つで、世界物流の1割が通過するチョークポイント（⬇P20）です。近くの紅海やマンダブ海峡もチョークポイントであり、このエリアでのフーシ派による攻撃は、人命のみならず、貿易にも深刻な被害をもたらします。そこで、アメリカ政府は「世界で最も重要な水路の一つにおける人命と自由な通商の流れを守るため」とフーシ派への攻撃に踏み切りました。オーストラリア、バーレーン、カナダ、デンマークなども支援しています。

海運の大動脈ともいえるスエズ運河ですが、海上輸送によって運ばれているのは石油・液化天然ガス・鉱石などの資源、穀物、鋼材、木材など、時間が経っても腐らないものが中心です。また、水や衣料品、冷凍された食肉類もコンテナ船で運ばれています。これらは多少、時間がかかっても劣化はしませんが、喜望峰ルートに迂回し輸送が遅れることで混乱が起こりますし、**輸送に時間がかかれば航行させるための燃料はより多く必要になり、原油価格が高騰する恐れもあります。**事実、アメリカと連合王国がフーシ派の拠点を攻撃した頃、原油価格が一時急騰しました。

しかし、フーシ派は船舶への攻撃を止めません。むしろアメリカと連合王国から攻撃されたことで、報復攻撃も行っています。**また、イスラム教シーア派の流れを汲むフーシ派はパレスチナを支援しており、**イスラエルがパレスチナへの攻撃を止めない限り、商船攻撃を続けると明言。商船攻撃は、イスラエルへの物資供給を停止し、ガザ地区（⬇P118）での人道支援を確保するために行っているとしています。これに対し、2024

Deguchi's Scorp

ニュースの「これから」がわかる! 出口スコープ

フーシ派vs米英の今後

世界の警察官を辞めたアメリカはフーシ派と戦争をするつもりはなく、フーシ派もアメリカや連合王国に戦争で勝てるほどの軍事力はもっていません。ただ、フーシ派がこれからも商船攻撃を続ければ、アメリカも連合王国もさらなる武力行使を行い、最悪のシナリオとして「意図せざる戦争」に突入することも考えられます。戦争は長引くことも考えられ、海上運輸の要である紅海ルートが封鎖される可能性もあります。フーシ派の出方によっては、世界の貿易に大きな混乱をもたらすことになりかねません。

年9月、イスラエル軍はフーシ派に空爆を行いました。

フーシ派は2014年以降、サウジアラビア空軍から激しい空爆を受けてきましたが、イランから支援を受けることで、勢力圏を強固に統制しています。**これに加えて、イスラム教徒の同胞を正義のために支援することで、イエメン国民の支持を固め、アラブ社会で自分たちの存在を示したい思惑があるのでしょう。**

一方、フーシ派は中国とロシアの商船は襲撃の対象外としています。中国とロシアは国連安全保障理事会などの場で、フーシ派を支持する可能性があるとされていました。しかし、フーシ派は2024年3月、中国の商船をミサイルで攻撃したと米軍が発表。フーシ派を巡る混乱は収まりそうにありません。

中東の
地政学
Question 03

サウジアラビアとイランが国交を正常化させた理由は？

Answer 03

両国とも経済的に逼迫《ひっぱく》し、対立している場合ではないから

サウジアラビアは世界最大の石油輸出国です。そもそもなぜ中東で石油が多くとれるのかというと、かつて存在したテチス海という広くて浅い海が重要な役目を果たしました。石油は、海や湖にいた生物の遺骸《いがい》が埋まり、土砂の重みや地球の熱によって長い時間をかけてできたものので、**「化石燃料」**とも呼ばれます。テ

シーア派

割合：全世界のイスラム教徒の約1割
シーア派が多い国：イラン、イラク、レバノン、イエメンなど
盟主：イラン
主張：預言者ムハンマドのいとこであり娘婿《むすめむこ》であるアリーとその末裔《まつえい》こそが信徒のイマーム（指導者）である
信仰：血脈を重視。イマームを絶対的なリーダーとする

スンニ派

割合：全世界のイスラム教徒の約9割を占める
スンニ派が多い国：
サウジアラビア、トルコ、シリア（政権を握っているのはシーア派の分派・アラウィ派）、エジプトなど
盟主：サウジアラビア
主張：預言者ムハンマドのいとこであり娘婿であるアリーとその末裔以外も、ムハンマドのカリフ（後継者）として認める
信仰：ムハンマドが神から預かったとされる言葉を記した「コーラン」と、ムハンマドのスンニ（慣行）をまとめた「ハディース」を重視

スンニ派とシーア派の対立は雪解けか

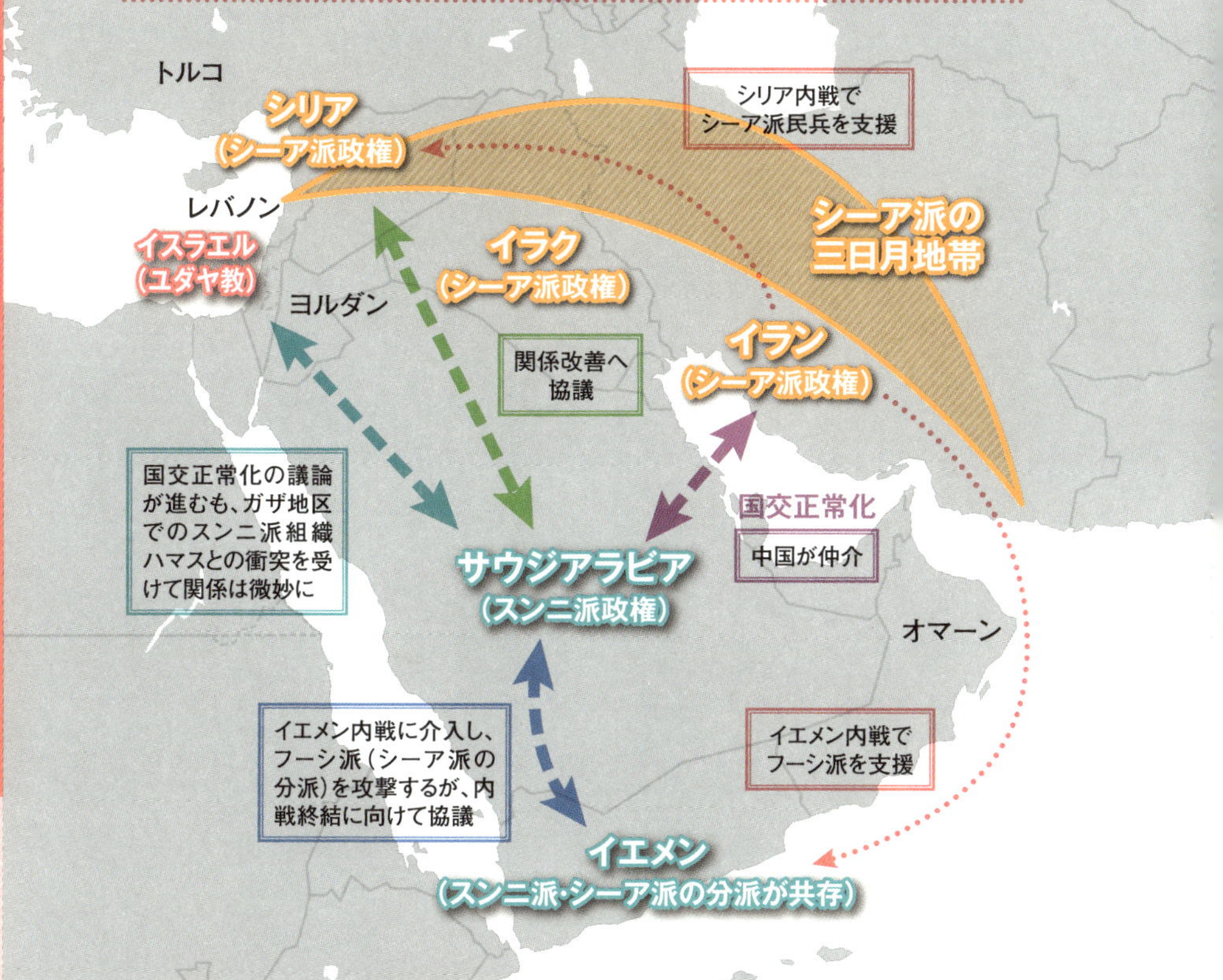

チス海は内海で海流も弱く、およそ1億6000万年もの間、水生生物が繁栄し、莫大な量の遺骸を堆積させました。やがて、ヒマラヤ造山運動の影響を受けて地層が変形し、石油やガスがペルシャ湾周辺の地下に溜まったのです。

サウジアラビアの対岸に位置するイランも石油は世界第4位、天然ガスは世界第2位の埋蔵量を誇る資源大国※24で、**両国は中東の覇権争いをしてきました。**

サウジアラビアはアラブ諸国の盟主ともいわれ、人口の大半はイスラム教の多数派であるスンニ派です。 王制国家で、1938年に油田を発見して以降、アメリカの協力を得て、有数の石油大国となりました。そのため**アメリカとは良好な関係を維持しています。**

一方、イランはペルシャ民族の国で、イラン革命で親米の王制を倒した歴史が

中東の地政学
Question 03

サウジアラビアとイランが国交を正常化させた理由は？

A.03 両国とも経済的に逼迫し、対立している場合ではないから

あります。**イスラム教シーア派の大国で、その教えに基づいた宗教国家に生まれ変わり、アメリカとは敵対してきました。**

スンニ派とシーア派は教義上の違いもあり、両者の溝が埋まることはありません。その上、イランは1979年のイラン革命以降、周辺国に影響力を拡大し、「シーア派の三日月地帯」と呼ばれる勢力圏を形成しました（➡P127図）。イラン、イラク、シリアというシーア派国家と対峙する形となったサウジアラビアは、2015年に勃発したイエメン内戦（➡P159）に介入します。2016年1月には、国内のシーア派の宗教指導者らをテロに関わったとして処刑。これに怒ったイランの民衆は在イラン・サウジアラビア大使館を襲撃します。**混乱の中、その同日のうちにサウジアラビアとイランは国交を断絶しました。**

両国とも影響力を維持拡大させるため、他国を舞台に資金・軍事面での援助や介入をエスカレートさせました。こうした対立が続いたあげく、サウジアラビアは軍事介入したイエメン内戦で泥沼状態が続き、戦費が拡大。財政を圧迫するようになりました。はたまたイランでは、自国の核開発問題や人権問題に対して、アメリカをはじめとした諸外国からの経済制裁が続いており、景気は悪化の一途をたどっています。そのため、**両国とも対立している場合ではなくなり、ついに2023年、国交を正常化させました。**さらに加えると、両国とも石油資源に依存した国であり、今後世界で進む脱炭素の潮流を考えると、いがみ合っている余裕はないと想像できます。

とはいえ、両国が同じ立場をとるわけではありません。イスラエル軍がヒズボ

Deguchi's Scorp

ニュースの「これまで」がわかる！ 出口スコープ

アメリカと対立してきたイラン

イランは20世紀に入ると、資源を狙った連合王国とソ連から軍事支配を受け、第二次世界大戦後は連合王国の支配下に置かれました。その後、石油国有化政策を行ったモサデク首相をアメリカのCIA（中央情報局）が失脚させ、亡命中の親米派パフラヴィー2世をトップに復活させます。しかし1979年、イラン革命で西側の軛《くびき》を断ったイランは、1980年のイラン・イラク戦争で、ソ連から支援を受けます。一方、イラクを支援していたのはアメリカ。アメリカとの険悪な関係にはこのような歴史があったのです。

ラ（➡P158）の指導者ナスララ師を殺害したことについて、イランはヒズボラを支援する意思を明確にしましたが、サウジアラビアはナスララ師に言及しませんでした。

ちなみに、国交正常化の裏で動いていたのは中国でした。中国はサウジアラビアとイランの国交正常化を仲介し、2023年4月、北京で両国の外相による会談を実現させたのです。中国はサウジアラビアとイランから石油を輸入しており、両国の対立を解消させることで輸入元の地域を安定させて、自らの国益を保とうとしています。さらに、「一帯一路（➡P92）」の陸のルート上にイランは位置します。**「シェール革命」（➡P42）によって、アメリカの〝中東離れ〟が進んでいる現在、中国はここぞとばかりに中東での存在感を高めようとしているのです。**

中東の地政学
Question 04

シリアではなぜ内戦が続いているの？

Answer 04

いろいろな国や民族、宗派が絡んだ複雑な争いだから

アサド政権と反体制派、クルド人勢力などがISを集中攻撃。ISは2017年に戦力をほとんど失い、2019年には最高指導者が死亡した。この時点では、アメリカの支援もあり、反体制派が優勢だった。ただ、反体制派支援で、アメリカとトルコは足並みを揃えたが、トルコのクルド人勢力への弾圧がなくなることはなかった。

混迷を極めるシリア内戦の関係図

ISの崩壊後、勢いを取り戻したのは、ロシアとイランから支援を受けるアサド政権。2019年、米軍がシリア北東部からの撤退を開始。アメリカが抜けたことで、反体制派とクルド人勢力は劣勢に。特に、クルド人勢力は孤立無援の状態に陥っている。

シリアはトルコ、イラク、ヨルダン、イスラエル、レバノンと国境を接し、北西は地中海に面しています。１９７１年以降、シリアではイスラム教少数派のアラウィ派（シーア派の分派）のアサド親子による独裁政権が続いていました。そんな中、２０１０年から２０１１年にかけてアラブ諸国で発生した民主化運動

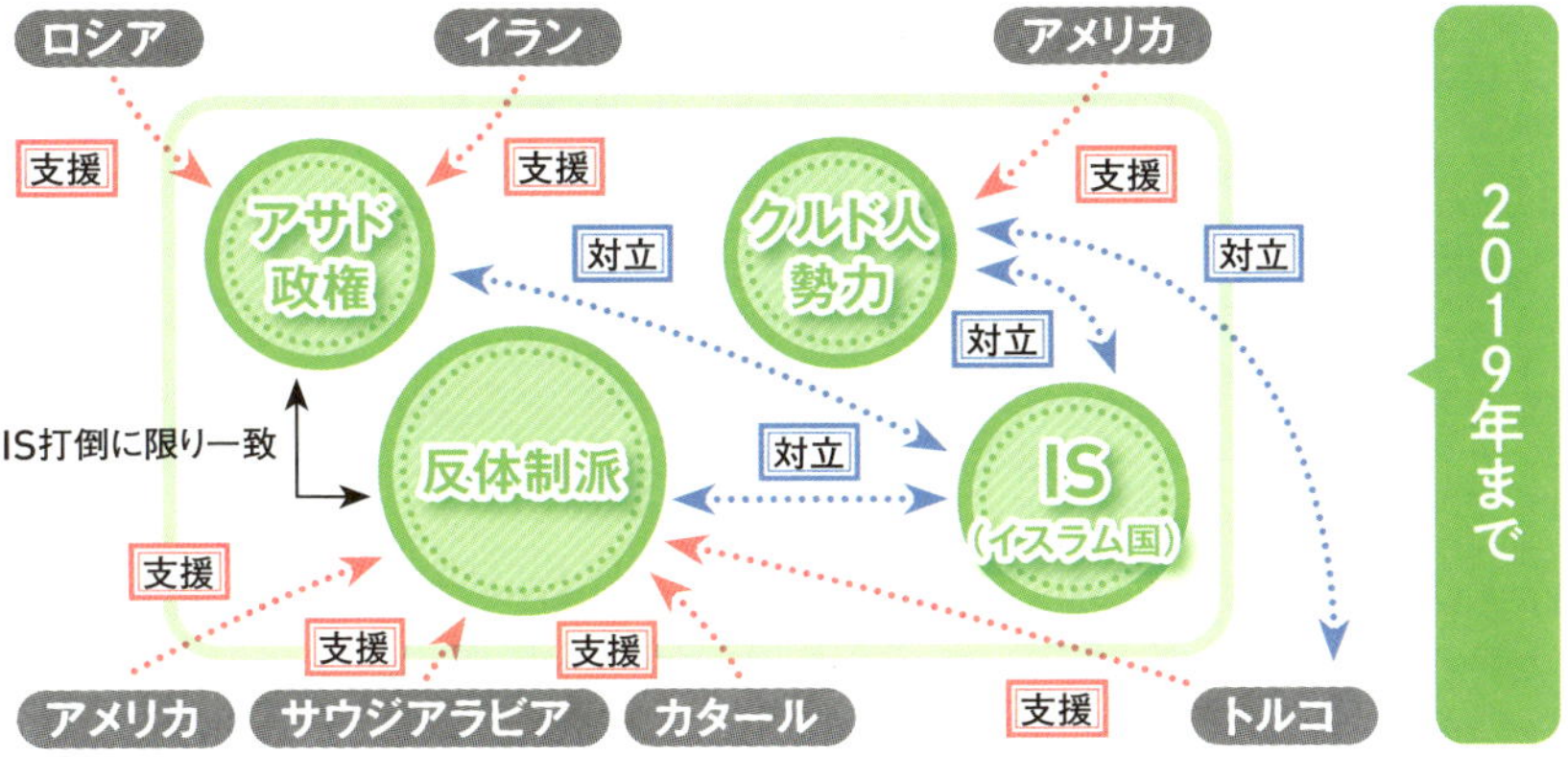

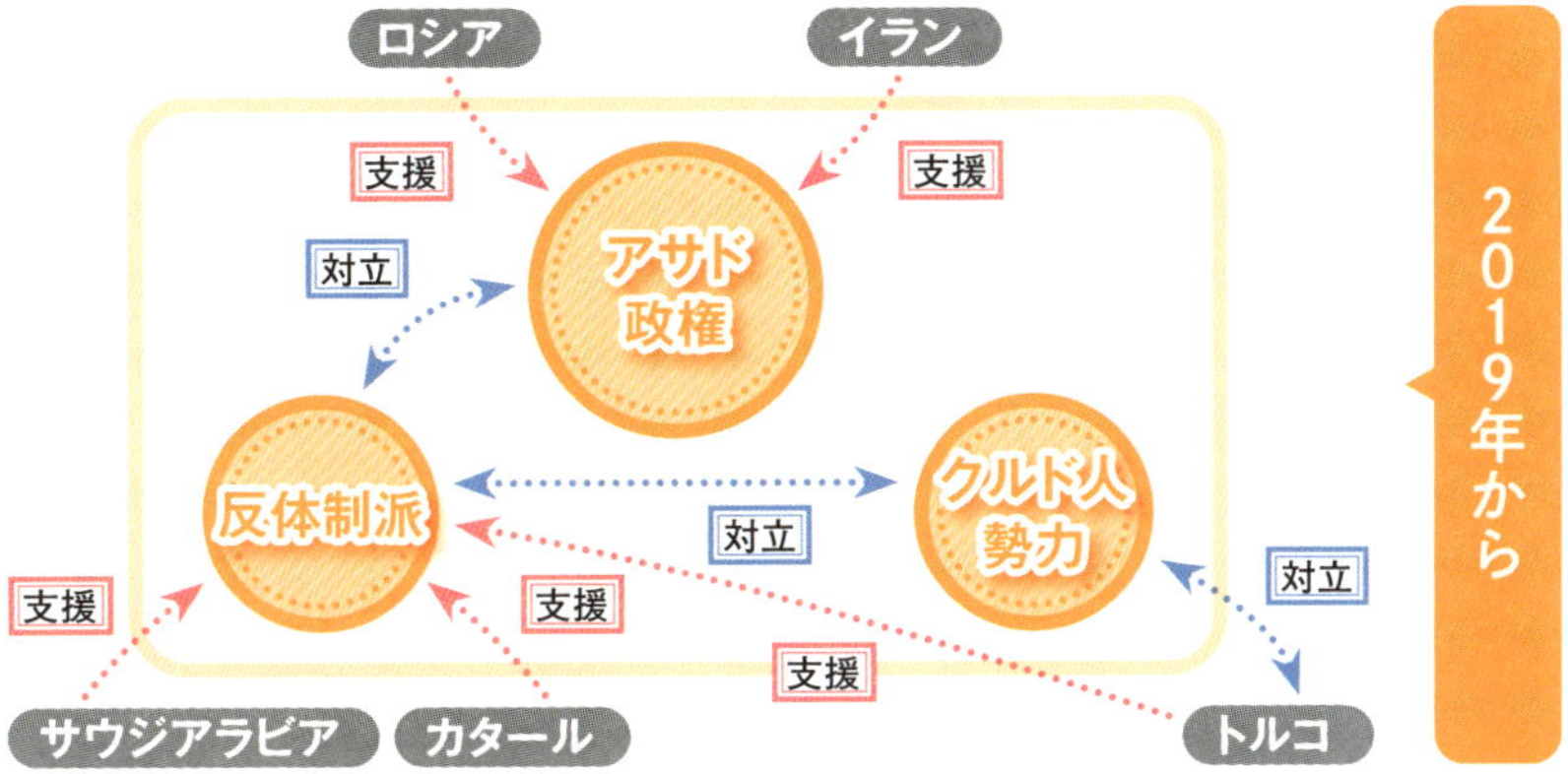

「アラブの春」が波及し、シリアでも反政府運動が湧き上がりました。

２０１１年3月、アサド政権に対する抗議デモを政府が武力で弾圧したため、反発した市民らも武装し、内戦に拡大していきます。**そもそも当初は、政府軍と反体制派というシンプルな構図でした。**戦闘が続く中、旧ソ連時代から同盟関係にあったロシアと、政権側と同じ「非スンニ派」のイランがアサド政権を支援します。

一方、イランと敵対しているアメリカ、フランス、連合王国（UK）、イスラエル、そして国内にスンニ派が多いトルコが反体制派につきました。国内ではクルド人勢力も反体制派に加わります。さらに、混乱に乗じたスンニ派の過激派組織「IS（イスラム国）」がシリアで勢力を拡大。ISは無差別攻撃を繰り返してきた国際

中東の
地政学
Question 04

シリアではなぜ内戦が続いているの?

A.04 いろいろな国や民族、宗派が絡んだ複雑な争いだから

テロ組織アルカイダの流れを汲んだ武装集団です。2014年には看過できなくなったISに対し、米軍が空爆を決行。その翌年にはロシアがシリアに本格的に軍事介入するなど、内戦はさらに泥沼の様相を呈《てい》していきます。

2017年10月には米軍を中心とする部隊の攻撃により、ISの重要拠点だったラッカが陥落し、ISは事実上崩壊しました（現在は構成員がヨーロッパ、アフリカ、アジアなどに離散していると見られ、2024年3月に起こったモスクワのコンサートホールでのテロ事件は、自分たちの犯行だとISは主張）。

ISが壊滅状態になったことでシリア内戦が沈静化するかと思いきや、今度はクルド人勢力との問題が顕在化します。

クルド人は「国家をもたない世界最大の民族」といわれ、クルド人国家の樹立を目指しています。トルコでは人口の約2割をクルド人が占め[※25]、独立を掲げた武力闘争などを続けたことで、トルコ政府から弾圧されてきました。

2019年、米軍がシリア北東部から撤退を始めた直後に、トルコはクルド人が実効支配するシリア北東部に侵攻を開始。たびたび越境攻撃を繰り返してきました。**トルコ政府はシリア内のクルド人が勢力を拡大するにつれ、自国内のクルド人と連携して、独立運動を活発化させるのではないかと危惧《きぐ》したのです。**さらに他国の侵攻や報復が複雑に絡み、どんどん内戦は泥沼化。反体制派の影響下にある地域では戦闘や空爆が続いていましたが、ロシアの空爆支援を受けてきたアサド政権がまき返し、国土の多くを勢力下に置いたとされています。

2023年5月、サウジアラビアで開

Deguchi's Scorp

ニュースの「いま」がわかる！ 出口スコープ

全くの無関係じゃないシリア内戦

シリアで2018年に大規模な戦闘が行われて以来、反体制派の支配地域では、年間100万人近くが家を追われ、難民としての暮らしを余儀《よぎ》なくされています。シリア難民を多く受け入れている国はトルコ、レバノン、ヨルダン、イラク、エジプトの5ヵ国で全体の80%以上を占めます。そのほか、ドイツなどの西欧諸国もシリア難民の受け入れ国です。ちなみに、2019年に日本で在留を認められた難民81人のうち3人がシリア難民と、法務省が発表しています（加えて、難民とは認定しなかったものの在留を認めたシリア人は7人）[※26]。

かれたアラブ連盟（アラブ諸国の地域協力機構）の首脳会議にアサド大統領が姿を現し、**参加資格が停止されていたシリアのアラブ連盟復帰が認められました。**この復帰によってシリア内戦は収束に向かうのではないかと期待が高まりました。

しかし、2024年3月にシリア北部のアレッポでイスラエル軍による空爆が起き、46名が犠牲になりました。**これは、ハマス（➡P158）と共闘関係にあるイスラム教シーア派組織ヒズボラ（➡P158）のメンバーを狙った攻撃でした。**

シリア内戦では、子どもや民間人を含め、40万人以上の犠牲者を出し、多くのシリア人が国内外で避難生活を強いられているのです。

中東の地政学
Question 05

中東のエネルギー資源はいつまで続く?

Answer 05

当面は枯渇《こかつ》しないが、アメリカ産の資源や再生可能エネルギーにとって代わられる恐れも

世界には「石油王」と呼ばれる人がいます。石油を掘り当て、巨万の富を得て、アラブの民族衣装に身を包んだ男性をイメージするでしょうか。しかし、過去に**世界一の石油王として最初に君臨したのはアメリカ人のジョン・ロックフェラーです。**１８３９年にアメリカで生まれたロックフェラーは幼少時代貧しかったも

2022年11月から石油減産を続けるOPEC《オペック》プラス(➡P159)

石油の高騰によって、国内の物価が上昇しているから減産を解除して!
消費国
アメリカ
EU
日本
OPECプラス
サウジ
イラク
イラン
中国経済が減速&欧米が利上げして経済を引き締め中だから、石油需要が落ち込みそうだし、イスラエルを支持するアメリカへの反発もあるから減産を続ける!

石油輸出量ではサウジが1位で、生産量はアメリカが1位

石油輸出量ランキング（2022年）※27

1位	サウジアラビア（736万バレル）
2位	ロシア（478万バレル）
3位	イラク（371万バレル）
4位	アメリカ（360万バレル）
5位	カナダ（335万バレル）
6位	UAE（271万バレル）
7位	クウェート（187万バレル）
8位	ノルウェー（155万バレル）
9位	ナイジェリア（138万バレル）
10位	ブラジル（134万バレル）

※全て1日あたりの量

輸出量第1位はOPEC加盟国のサウジアラビア。ロシアは欧米から経済制裁を受けるものの、中国とインドへの輸出を伸ばす。

石油生産量ランキング（2022年）※7

1位	アメリカ（1,777万バレル）
2位	サウジアラビア（1,214万バレル）
3位	ロシア（1,120万バレル）
4位	カナダ（558万バレル）
5位	イラク（452万バレル）
6位	中国（411万バレル）
7位	UAE（402万バレル）
8位	イラン（382万バレル）
9位	ブラジル（311万バレル）
10位	クウェート（303万バレル）

※全て1日あたりの量

シェール革命でアメリカの石油生産量は2010年頃から増加傾向にあり、OPECプラスの国々を上回る。

の、若い頃から石油の販売を積極的に行い、スタンダード・オイル社を設立して巨万の富を築きました。19世紀の石油は、主に灯油や潤滑油として利用されていて、アメリカ、ロシア、インドネシアなど限られた地域で産出していました。

19世紀末には中東で石油がとれる場所が見つかっていたものの、20世紀初めまではほとんど注目されていませんでした。

しかし、動力エネルギー源としての利用が始まると、**アメリカの独占を嫌った西欧系企業や国は、世界各地で石油を探しました。**そこで発見されたのがイランの大油田です。1908年のことで、中東の石油ラッシュの始まりでした。この頃の中東は多くが西欧の植民地であり、サウジアラビアのような独立国家も原油を精製する技術はありませんでした。

自国の財産である原油なのにもかかわ

中東の地政学
Question 05

中東のエネルギー資源はいつまで続く?

A.05 当面は枯渇しないが、アメリカ産の資源や再生可能エネルギーにとって代わられる恐れも

らず、利益の大半を欧米企業にもっていかれる事態を受け、**中東産油国は1950年代に石油の富を産油国に取り戻す課税制を始めます。**さらに1960年、主要産油国が原油の需給について生産調整をする枠組み「OPEC」を結成し、主導権を握ろうとしました。1973年の第四次中東戦争では、アメリカを中心とする親イスラエル諸国に対して石油輸出禁止措置を発動しました。これが第一次オイルショックとなり、世界経済に多大な打撃を与えました。**こうして、中東産油国は石油利権の奪回に成功し、価格決定権も手に入れました。**石油なしでは現代の生活は成り立たず、中東は世界から一目置かれる存在となったのです。

2022年の世界の石油輸出量（1日あたり）の1位はサウジアラビアで3位はイラクです（➡P135）。

ちなみに、サウジアラビアやUAEなど、天然資源によって収入を得て、国民に恩恵的に分配している国家を「レンティア国家」（分配国家）と呼びます。**中東のレンティア国家では政府が石油で得た収入を国民に分配しているため、国民はいろいろな恩恵を受けています。**医療費や教育費は無償。大学まで授業料はタダで、留学費も国が出してくれることが多いのです。国民の収入も多いため、生活には困らないといわれています（しかし、移民はこれに含まれていません）。こういった生活を送れるのも石油のおかげです。

ただこのところ、こうしたレンティア国家を揺るがす変化が起こっています。現在の石油の生産量はアメリカが1位、次いでサウジアラビア、ロシア、カナダ、イラクとなります。アメリカではシェー

Deguchi's Scorp

ニュースの「これから」がわかる！ 出口スコープ

石油を中東に依存する日本

日本が石油を輸入している主な国はサウジアラビア、UAE、クウェート、カタールなどで、全体の輸入量における中東が占める割合は95.2％（2022年度）です[※28]。中東に石油を依存している日本では、中東情勢による輸入価格の上下動が、景気や生活に直結しています。近年では新型コロナウイルスのパンデミックにより、原油価格が高騰しましたが、その後は落ち着きを見せています。ただ2024年6月、OPECプラスは2025年末までの石油減産を発表しており、しばらくの間大きく値が下がる可能性は低そうです。

ル（頁岩《けつがん》）層から原油や天然ガスを抽出できる技術が確立され、世界第1位の石油生産国となりました。つまり、**エネルギー資源を自給できるようになり、アメリカは中東に頼らなくてもよくなったのです。**アメリカ以外にもカナダ、ロシア、オーストラリア、中国、インドなど国土面積が広大な国ではシェールガスやシェールオイルが埋蔵されているといわれています。

さらに、石油の代替エネルギーの開発が今後進むことが推測されます。中東の石油が枯渇するのは当分先と予想されていますが、シェールガス、シェールオイルの登場に加え、**世界全体で加速度的に進められている脱・化石燃料への取り組みや再生可能エネルギーへの転換が、中東をはじめとした産油国に与える影響は計り知れません。**

Column

05

フランスサッカーが強い理由とは?

2018年、ロシアで開催されたサッカーW杯で優勝したのはフランス代表でした。フランスは1998年に優勝して以来、二度目のトロフィーを手にしたのです。フランス代表はカリム・ベンゼマ、キリアン・エムバペ、アントワーヌ・グリーズマン、エンゴロ・カンテ、ウスマン・デンベレ、オーレリアン・チュアメニなど挙げればキリがないほど世界的逸材を輩出しています。このようなフランスサッカーの強さの裏には移民の受け入れがあります。

フランスは先進国の中で移民の受け入れに積極的で、国民の約10%が移民です。19世紀に兵士や労働者不足により、積極的に受け入れたことが契機となりました。フランス代表のレジェンドであるジネディーヌ・ジダンはマルセイユ生まれですが、両親はアルジェリアからの移民で、少数民族ベルベル人です。フランス代表のエドゥアルド・カマヴィンガもアンゴラからの移民。彼はアンゴラの難民キャンプで生まれ、2歳で両親と共にフランスに渡りました。7歳から地元のクラブチームでサッカーを始め、スペインの超強豪レアル・マドリードの選手にまで上り詰めました。

このように、積極的に移民を受け入れたことで、フランス代表には多様なバックグラウンドをもつ選手が集まり、さまざまなスタイルやスキルがもたらされています。特に、アフリカをルーツにもつ選手たちは、身体能力に優れた選手が多く、フランス代表チームの強化に大きく貢献しているのです。

PART

6

他人事じゃない！
ロシアとヨーロッパのニュースを地政学で解く

「遠い国のことだから」と、
思っていたら大間違い。
私たちの生活に密接に関わるのが
ウクライナでの戦争。
そんなロシアとヨーロッパのニュースを
地政学から解き明かします。

NATO加盟国
ロシア
CIS（➡P146）加盟国
※トルクメニスタンは準加盟国
ウクライナ
NATOとCISのバッファゾーンに位置する。

どうしてロシアはウクライナに侵攻した？

Answer 01

ロシアとウクライナは一体だと考えているから

ロシアのウクライナ侵攻

2022（2～9月）
ロシア優勢
2月に侵攻後、9月にウクライナ4州をロシアが併合

2022（9～11月）
ウクライナ反撃
領土奪還が始まる。2023年1月、米・英・独がウクライナに戦車の供与

2023（6月～）
膠着《こうちゃく》状態
ロシアの堅牢《けんろう》な陣地の前にウクライナの反撃もスムーズにいかず

2022年2月24日、ロシアがウクライナにミサイルや戦車で攻め込み、ウクライナ侵攻は始まりました。ウクライナはロシアのすぐ西側に位置する国です。北部のベラルーシ領内から侵入したロシア軍は、首都キーウの近くまで迫りました。同年9月30日にはウクライナ東部ルハンシク、ドネツク、ザポリージャ、ヘ

一進一退のロシア vs ウクライナ

ウクライナの現状
ロシア
ロシアが支配しているとみられる地域
ベラルーシ
クルスク
ベルゴロト
チェルニヒウ
チョルノービリ
（チェルノブイリ）
スーミ
ハルキウ
ポーランド
キーウ
シェベロドネツク
ウクライナ
ドニプロ川
バフムート
ルハンシク
リビウ
ドニプロ
ドネツク
ザポリージャ
ニコポリ
ドンバス
マリウポリ
カホウカ湖
ベルジャンシク
モルドバ
ヘルソン
オデーサ
アゾフ海
クリミア半島
ルーマニア
セバストポリ
ヤルタ
黒 海
※2024年7月12日時点
※実際のウクライナの地図を簡略化
※Institute for the Study of Warより作成

ルソンの４州をロシアに併合すると宣言します。ロシアの侵略はそれ以前から始まっていて、２０１４年３月に南部のクリミア半島を一方的に編入すると宣言していました。さらに、２０２２年の侵攻直前には東部ドンバス地方の２地域を分離・独立させ支配下に入れています。

　なぜ、ロシアはウクライナに侵攻したのでしょうか。一つには、９世紀から13世紀、現在のウクライナ周辺を中心に栄えたキエフ大公国を今のロシアの起源とプーチン大統領は考えているからです。**自分たちの発祥の地であるウクライナ**を「奪還」したいのでしょう（あくまでロシア視点）。

　そして、ロシアが貿易に欠かせない「不凍港」を追い求めていることも侵攻の背景です。ロシアは世界一の国土面積をもちながら、その６割は永久凍土で、国土

ロシアとヨーロッパの地政学
Question 01

どうしてロシアはウクライナに侵攻した？

A.01 ロシアとウクライナは一体だと考えているから

の８割は人が居住できません。北極海に面する長大な海岸は冬の間、氷に閉ざされてしまいます。１８５３年に始まったクリミア戦争は、当時のロシア帝国が南下政策を推し進め、黒海沿岸の不凍港を得るために起こした戦争でした。

次に「ＮＡＴＯ（北大西洋条約機構）」の存在です。ＮＡＴＯは簡単にいうとソ連に対抗するために生まれた軍事同盟です（➡Ｐ１４４）。第二次世界大戦後、世界はソ連を中心とした社会主義陣営と、西欧とアメリカを中心とした資本主義陣営に分断されました。社会主義の国々を「東側」、資本主義の国々を「西側」といいます。東側と西側は政治体制における価値観の違いから、激しく対立。**西側はＮＡＴＯ、東側はワルシャワ条約機構と、それぞれの軍事同盟を結成しました。**

２０２４年８月時点で、ＮＡＴＯには32ヵ国が加盟し、協力して防衛網をつくっています。今も、ロシアにとってＮＡＴＯは敵側です。かつてはウクライナもソ連の一員で、ＮＡＴＯと敵対する国でしたが、ソ連が崩壊し、今のウクライナのゼレンスキー政権は欧米に近付きたいという思いがあります。ウクライナはＮＡＴＯへの加盟を目指しており、それをロシアは阻止したいのです。

ロシアからすると、ウクライナは地政学的にＮＡＴＯとのバッファゾーン（緩衝地帯）でした。そのウクライナがＮＡＴＯに加盟すると、バッファゾーンがなくなり、敵対するＮＡＴＯと直接国境を接することになります。

ロシアは度々、ウクライナに対して圧力をかけてきました。ロシアは自国で天然ガスがとれるので、ウクライナへの天然ガスの輸出を止め、脅しをかけたりも

Deguchi's Scorp

ニュースの「これから」がわかる! 出口スコープ

ロシアが核兵器を使う恐れは?

ロシアは、2024年5月にもウクライナ東部のハルキウ周辺で猛攻撃を繰り広げました。ウクライナのゼレンスキー大統領は、ロシアに和平交渉を受け入れさせるために欧州各国との連携を進めていますが、プーチンは、「和平交渉を拒んでいるのはウクライナ」とし、平行線をたどっています。ちなみに、ウクライナを支援するNATOにはアメリカを筆頭に核保有国がいるため、ロシアが核兵器を使用することは極めてリスクが高く、核兵器使用の見込みは低いと考えられます。

しました。ところがウクライナは他国からエネルギーを輸入し、ロシアの圧力に屈することはありませんでした。**ロシアの猜疑心《さいぎしん》は収まらず、ついに侵攻する暴挙に出たのです。**

一方、欧米諸国はウクライナに対し、ミサイルや戦闘機の供与などの支援をしており、**NATOもロシアを敵国とみなしています。**そのため、ロシアのウクライナ侵攻をきっかけに第三次世界大戦に発展する可能性もはらんでいるのです。

ロシアとウクライナの両国間で話し合いはあるものの、和平に繋がるような交渉の場も状況の変化もなく、終戦の見通しは立っていません。今の戦況が続くのか、ロシアがさらに進出するのか、それとも2024年8月に越境攻撃をしたウクライナが押し返すのか。その動向が注視されます。

ロシアとヨーロッパの地政学
Question 02

そもそもNATOって何？

Answer 02

もとはソ連に対する西側諸国の集団防衛のために結成された機構

「ＮＡＴＯ」は１９４９年にアメリカで締結されたワシントン条約（北大西洋条約）に基づいて結成された軍事同盟で、正式名称は北大西洋条約機構といいます。発足当初の加盟国はベルギー、デンマーク、フランス、アイスランド、イタリア、ルクセンブルク、ネーデルラント、ノルウェー、ポルトガル、連合王国（ＵＫ）

拡大したNATO

冷戦終結後のNATO

1989	冷戦が終結（翌年東西ドイツの統一）
1991	ソ連崩壊に伴い、ワルシャワ条約機構も消滅（同年CISが結成）
1999	ポーランド、チェコ、ハンガリーがNATO加盟
2004	バルト三国など7カ国がNATO加盟
2009	フランスがNATOに完全復帰
2022（10月）	ウクライナがNATO加盟申請も認められず
2023（4月）	フィンランドがNATO加盟
2024（4月）	スウェーデンがNATO加盟

ロシアのウクライナ侵攻を受けて

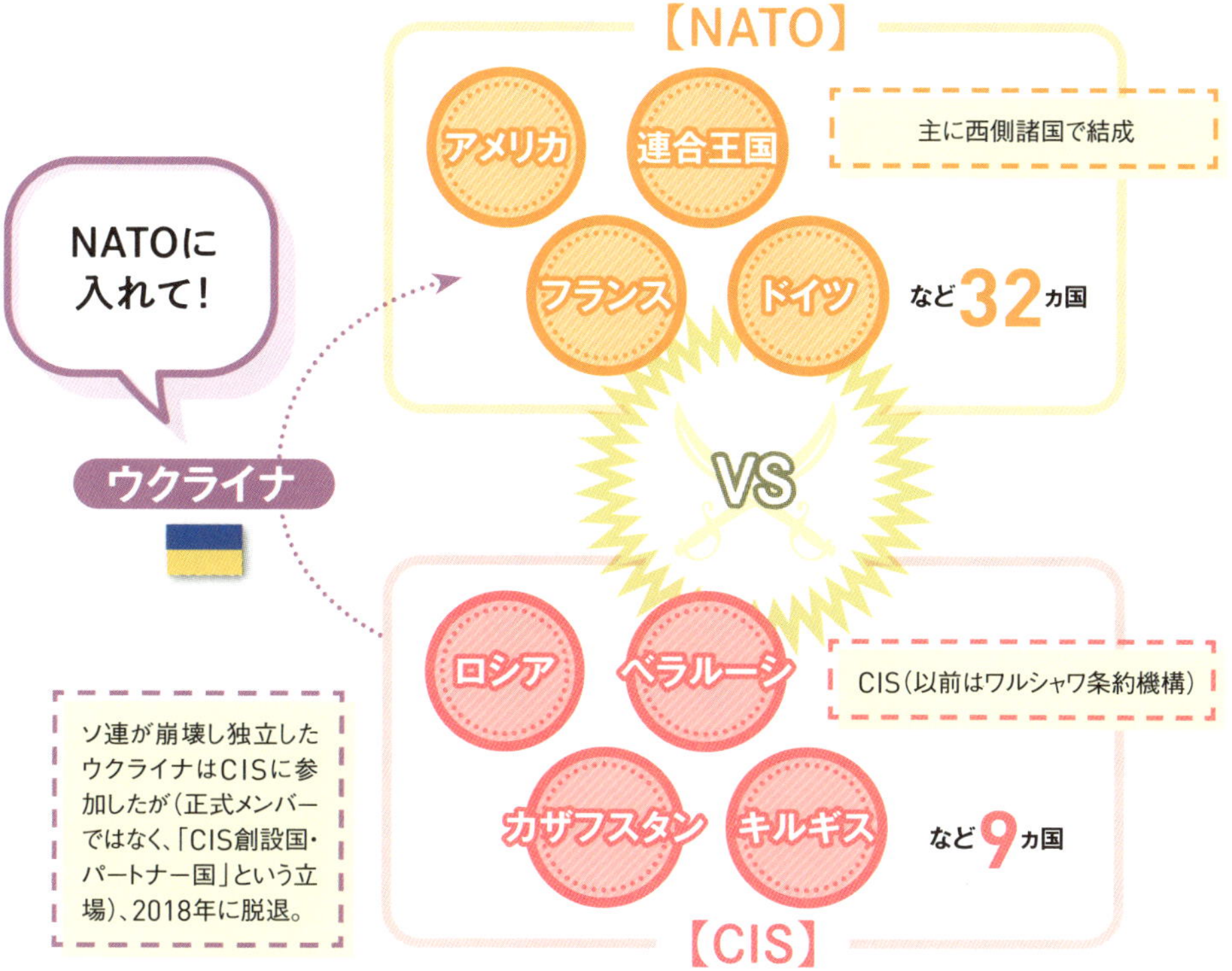

の西欧諸国とアメリカ、カナダをあわせて計12ヵ国でした。現在は北大西洋の両岸にまたがるヨーロッパと北アメリカの国々、32ヵ国が加盟しています。

NATOの目的は集団防衛です。ある加盟国に攻撃があった場合、その攻撃は加盟国全体への攻撃であるとみなし、加盟国が攻撃された国を援助したり、反撃したりします。「集団的自衛権」というものです。**一方、1955年、ソ連は「ワルシャワ条約機構」を結成。東西冷戦の時代において両機構が対峙《たいじ》したのです。**

NATOは当初、ソ連をはじめとした社会主義圏に対抗するために生まれた軍事同盟でしたが、1989年12月に米ソ首脳による**マルタ会談で冷戦終結が宣言されて以降、変容していきます。**そして1991年、ソ連の崩壊と共にワルシャワ条約機構が解体され、**敵対する相手が**

そもそもNATOって何?

A.02 もとはソ連に対する西側諸国の集団防衛のために結成された機構

いなくなった後のNATOは、その目的に平和維持のための軍事活動を加え、国連などのもと紛争に出動するようになりました。また、社会主義圏の崩壊で、旧東側の国々が次々にNATO加盟を希望します。1999年にポーランド、チェコ、ハンガリーが、2004年にはバルト3国（エストニア、ラトビア、リトアニア）などが正式に加盟。旧ユーゴスラビアの国々の一部も加盟していき、**NATOは東方に拡大していきます。**

そんな中、ソ連解体後のロシアに対し、NATOは「敵視しない」と約束をしてしまいました。ロシアは旧ソ連の構成国からなる**CIS（独立国家共同体）**と呼ばれる国家連合を維持し、石油・天然ガスの輸出などで経済を立て直します。こうしてロシアが力を取り戻していく中、ウクライナ侵攻が勃発。NATOは新たに大きな転換点を迎えます。

2023年4月、長きにわたって中立・軍事的非同盟を貫いてきたフィンランドが正式に加盟国となります。2024年3月には、200年以上中立国の立場をとってきたスウェーデンもNATOに加盟。**北欧の全ての国がNATO加盟を遂げました。**周辺国であるロシアがウクライナに侵攻し、危機感を抱いたことが大きな背景にありますが、両国のNATO加盟はスムーズにはいきませんでした。というのも、NATOに加盟するには全加盟国の承認が必要ですが、**2ヵ国の加盟に「待った」をかけたのがハンガリーとトルコでした。**ハンガリーはロシアにエネルギーの多くを依存しているため、ロシアの顔色を窺う必要がありました。**一方、トルコが反対したのは、国内のクルド人問題への北欧2ヵ国の対応が原因**

Deguchi's Scorp

ニュースの「これから」がわかる! 出口スコープ

NATOに急接近するアルメニア

2024年3月、NATOのストルテンベルグ事務総長がアルメニアを訪問し、同年7月にアルメニアはアメリカと合同軍事演習を行いました。もともとソ連の構成国だったアルメニアはCIS加盟国ですが、ロシアが主導する軍事同盟から脱退する方針を示すなど、近年ロシア離れの動きを見せています。これは2023年のアゼルバイジャンとの軍事衝突で、期待していたロシアからの支援がなく、不信感を強めたことが原因とされています。今後、北隣のジョージアとあわせてアルメニアもNATOに加盟することが考えられるのです。

だとされています。トルコ国内に約2割存在するクルド人が分離独立しようとしていることに、トルコ政府は猛反対しているのですが、北欧2ヵ国は多数のクルド人を難民として受け入れており、欧州におけるクルド人コミュニティをつくる後押しをしています。トルコはこれを「クルド人テロリストを匿《かくま》っている」と批判し、両国の加盟に難色を示してきました。

しかし、フィンランドとスウェーデンが自国のテロ法案を強化したことにより、トルコは態度を軟化させ、北欧2ヵ国の加盟を承認。この様子を見て、残るハンガリーも承認。フィンランドとスウェーデンはNATO加盟国となりました。さらに、ジョージアもNATO加盟を希望しています。**結果的に、ロシアのウクライナ侵攻がNATO陣営を拡大させているのです。**

「北極海航路」

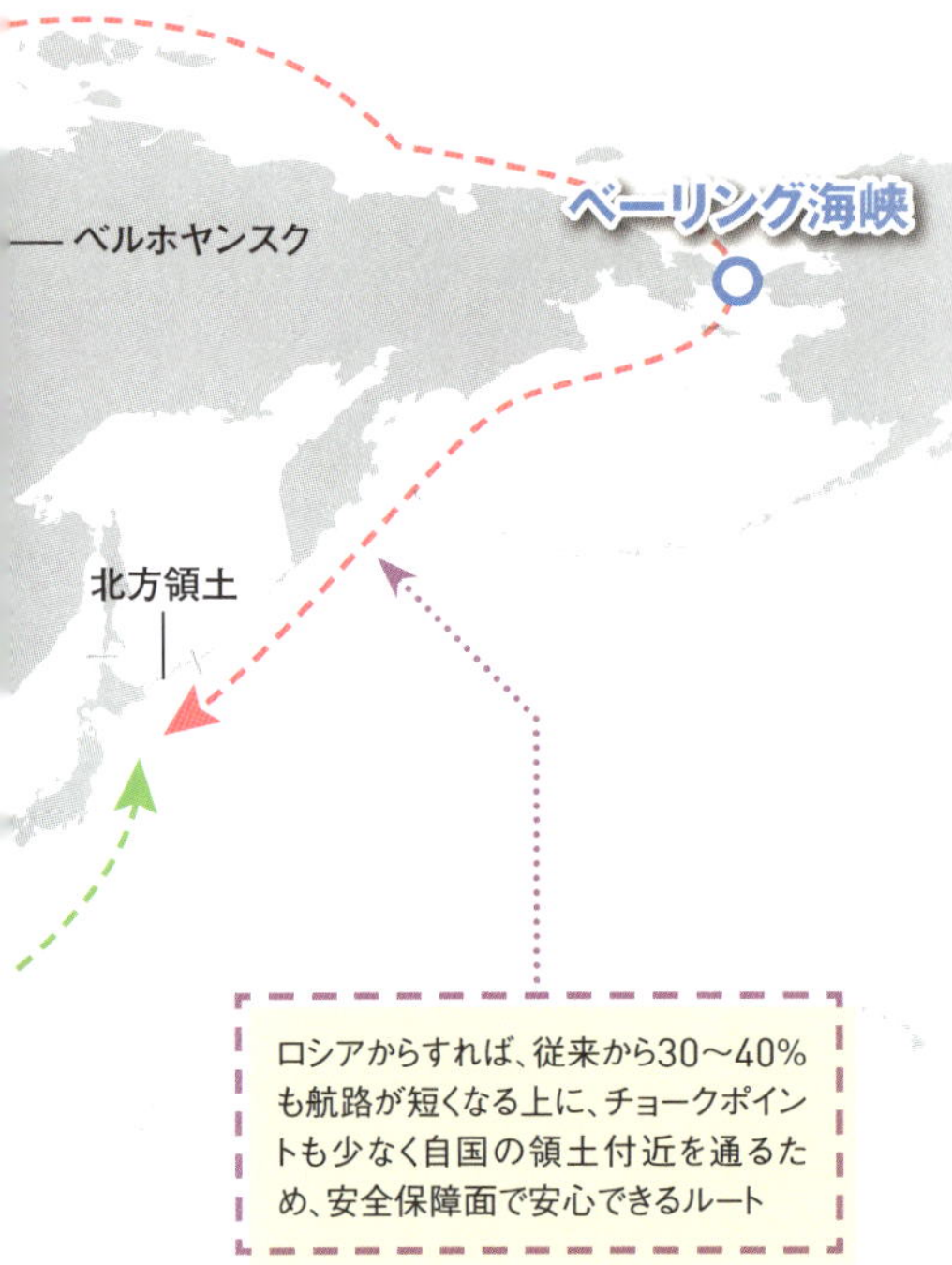
ベーリング海峡
ベルホヤンスク
北方領土
ロシアからすれば、従来から30～40%も航路が短くなる上に、チョークポイントも少なく自国の領土付近を通るため、安全保障面で安心できるルート

ロシアとヨーロッパの地政学
Question 03

地球温暖化はロシアにメリットももたらす!?

Answer 03

北極圏の氷が解けるとロシアにとって都合の良いルートや資源が確保できる

近年、地球規模の温暖化により、北極の氷が解け、毎年、日本の面積の5分の1程度の広さの氷がなくなっているといわれています。地球温暖化は赤道付近の島国にとっては、氷が解けることで海面が上がり、住める土地がなくなるなど死活問題です。アメリカでも、２０１６年カリフォルニア州デスバレー国立公園で

地球温暖化でロシアが手に入れる

北極海
北極海航路
ロシア
スエズ運河
紅海
スエズ運河（紅海）航路
マンダブ海峡
マラッカ海峡

52度を記録しました。世界各地、暑さで死者が出るほどで、日本でも夏になると連日、猛暑のニュースが報じられます。

年々、深刻になる地球温暖化に対し、２０２４年ＥＵの執行機関である欧州委員会は、温暖化ガス排出量を２０４０年に１９９０年比で90％削減する新目標を提示しました。２０４０年の具体的な目標を主要国・機関が示すのは初めてで、加盟国間で議論して正式に決定されます。先進国では地球温暖化対策についての話し合いがなされていますが、**この温暖化によって、実は恩恵を受ける国があります。それは、ロシアです。**

北極に近いロシアも地球温暖化の影響を受け、ロシア極東の北極圏内に位置するシベリアの町ベルホヤンスクでは、２０２０年、北極圏の町として観測史上最高の38度を記録しました。同地区は極寒

ロシアと
ヨーロッパの
地政学
Question 03

地球温暖化はロシアにメリットももたらす!?

A.03 北極圏の氷が解けるとロシアにとって都合の良いルートや資源が確保できる

の地域であり、1892年には氷点下67・7度の最低気温を記録していたにもかかわらずです※29。

しかし、極寒の地に位置するロシアにとって気温が上がることは悪いことばかりではありません。北極圏が以前よりも暖かくなるにつれ、氷が解けます。それにより、**埋もれていた石油や天然ガスなどの資源を掘り出すことが可能になり、実際に、ロシアは北極圏の資源開発を進めています。**シベリアには地下資源が眠っているとされていますが、従来はなかなか開発や採掘が難しいものでした。しかし、氷が解ければ地下資源へのアクセスが容易になり、眠っていたシベリアの地下資源を採掘できるようになります。ここから新たな油田、ガス田が見つかれば、ロシアがアメリカや中東諸国に優《まさ》る世界最大のエネルギー大国になることもあり得るのです。

その上、北極圏の氷が解ければ航海もしやすくなります。ロシアから東アジアに向かう場合、従来のヨーロッパ～スエズ運河～マラッカ海峡というルートに比べて、**北極海を通れば、航行距離が大幅に短縮されます。**この「北極海航路」ですが、P148の図を見るとわかるように、北方領土沿岸を通過します。**地球温暖化によって、北極海航路が現実的になる中、ロシアが北方領土を手放す理由はますますなくなっているといえるでしょう。**さらに、不凍港を求めて南下を狙ってきたロシアですが（➡P141）、**地球温暖化により労せずして北極海で不凍港が手に入るのです。**

また、**農業面から見ても、ロシアは温暖化による恩恵を享受します。**地球温暖化が進むと、すでに温暖な国では作物が

Deguchi's Scorp

ニュースの「これから」がわかる! 出口スコープ

温暖化で新たな地政学的リスク

北極海航路が通年航行可能になるくらい北極の氷が解ければ、ロシアとアメリカが北極海を挟んで対峙することになります。加えて、天然ガスや水産物など、豊富な資源が眠っていると見られる北極海を狙うのはロシアだけではないでしょう。アメリカや北欧など北極海沿岸の各国が、北極海を調査・開発する権利を主張すると推測され、北極海内の領海、接続水域、排他的経済水域（EEZ）についての取り決めをどうするかなど、非常に厄介な問題が顕在化することでしょう。

不作になる恐れがあります。しかし、プーチンは「気温上昇はそれほど悪いものではない」と考えています。事実、2080年までにロシアの農業に利用できる土地は40～70％増加するという予測もあります（一方、農業は気候だけでなく土壌も大きく関係するため、気温上昇が単純に農地の増加に繋がらないという見方もある）※30。

現在、中国はロシアから石油や天然ガスを買うことで、欧米から経済制裁を受けているロシアを支えています。**中国のリーダーたちは、温暖化によって潤うロシアに投資しておけば、将来的にプラスになると考えているのかもしれません。**

ロシアと
ヨーロッパの
地政学
Question 04

物価の高騰で生活が苦しいのはウクライナ侵攻が原因!?

Answer 04

半導体不足、原油価格上昇など侵攻の余波は至るところに

２０２１年夏頃、「壊れた給湯器を修理できるのは半年後」という事態が続出しました。給湯器の温度調整機能や給湯リモコンの内部にある電子基板などの部品には、半導体が使用されています。この**半導体が世界的に不足しているため、修理に駆け付けても部品交換ができず給湯器を修理できないのです。**

半導体不足

ガソリン代や
生活用品の
価格高騰

化学肥料の
価格高騰

ロシアのウクライナ侵攻が日本に与えた影響

電気代の高騰

- 半導体製造に欠かせないパラジウムの約4割がロシア産。同じく必要なネオンの約7割がウクライナ産
- 日本の火力発電は液化天然ガスが主な燃料だが、ロシアからの液化天然ガスの供給が滞り、世界的に天然ガス価格が上昇
- 欧米諸国がロシア産原油の禁輸を行ったことで、世界的に石油価格が上昇。ガソリンだけではなく、あらゆる生活用品も高騰

ベーカリーやラーメン店の商品値上げ

- ウクライナは穀物の一大産地であり、小麦の先物価格が侵攻前の約2倍に
- ロシアから化学肥料の原料である塩化カリウムの輸入が滞る

なぜ半導体が不足しているのでしょうか。新型コロナウイルスの感染拡大が始まった2020年、海外の半導体工場の稼働率は大幅に低下しました。給湯器の大手メーカーは東南アジアの工場で製造した半導体を使い、ガス給湯器を製造していました。コロナ禍当初の東南アジアでの感染状況は深刻で、ベトナムやタイではロックダウンなど、厳しい外出制限が行われました。**そのため、工場の稼働が低下・ストップし、世界的な半導体不足になってしまったのです。**

また、半導体が不足したのは別の理由もあります。**それはロシアによるウクライナ侵攻です。**半導体製造にはレアメタル（希少金属）やレアガス（希ガス）が使われます。特にレアメタルであるパラジウムはロシアに依存するところが大きく、ウクライナもレアガスであるネオン

物価の高騰で生活が苦しいのは ウクライナ侵攻が原因!?

A.04 半導体不足、原油価格上昇など侵攻の余波は至るところに

の一大産地です。ところが、ロシアがウクライナを侵攻すると、これらレアメタル・レアガスのサプライチェーン（供給網）は寸断されてしまいました。その結果、半導体製造が滞り、半導体不足に拍車がかかったのです。

　さらに、**ウクライナ侵攻は世界的なインフレにも大きな影響を及ぼしています。**ロシアは石油生産量第3位（➡P135）、天然ガスはアメリカに次ぐ2位の資源大国です。ウクライナ侵攻への対抗措置として、日本を含む西側諸国がロシアへ経済制裁を科したことで、**ロシアから石油、天然ガスの輸入が減り、エネルギー価格が高騰。**2022年3月、ウクライナ侵攻の翌月には一時、原油価格が1バレルあたり130ドルを超えました[※31]。侵攻前は70〜80ドルの間を行ったり来たりしていたので[※32]、倍近く上がったことになります。原油価格が高騰すると、私たちの電気代、ガス代、ガソリン価格が上がることになります。**加えて、運送に使ったり、工場などで機械を稼働させたりするエネルギー価格も上がるため、様々な商品が値上がりすることになります。**代表的なものでいえば食用油、乳製品、小麦粉、トイレットペーパー、タイヤ、コーヒーなどです。その他、家計の味方ともいうべきもやしまで値上げの動きが出てしまいました。

　値上がりは全世界に及びました。フランスでは小麦の高騰により、パンのバゲットも値上がりしました。**ウクライナは小麦など穀物の世界的な輸出国です。**侵攻を受けて、一時、小麦の先物価格が侵攻以前の約2倍に急騰しました[※33]。その後は落ち着きを取り戻していますが、小麦の高騰はフランスなど小麦製品を主

Deguchi's Scorp

ニュースの「いま」がわかる！ 出口スコープ

制裁を受けても好調なわけ

アメリカ、EU、日本などは、ロシアから原油や鉄鋼製品などの輸入を禁じ、半導体などハイテク製品のロシアへの輸出を規制していますが、ロシア経済はあまりダメージを受けていないようです。それどころか、2023年の実質GDPは前年比で3.6%アップしました※3。中国とインドはロシアから原油を積極的に買っており、ロシアの原油をもとに両国がつくった石油製品を西側諸国は輸入しているため、結果的に西側諸国もロシアの原油を買っていることとあまり変わらず、ロシアへの経済制裁の効果はかなり限定的なのです。

食とする国々の家計を圧迫することになりました。

　そして、意外な余波としては日本のコンビニ名物のからあげ商品の値上げです。商品に使う鶏肉の多くはブラジル産です。中東やヨーロッパ諸国は今までウクライナから鶏肉を仕入れていましたが、ウクライナ侵攻が起こり、日本と同じくブラジルから鶏肉を輸入するようになりました。それにより、ブラジル産鶏肉が需要過多になり、高騰してしまったのです。

　このように、グローバル化した世界においては、地理的には遠い出来事であるウクライナへの侵攻も、私たち日本人の暮らしに大きな影響を与えています。ウクライナへの侵攻を「遠い国で起こっていることだから」と他人事に思うことは誤りなのかもしれません。

Column 06

平和の祭典であるオリンピックで分断が起こるのはなぜ?

2024年7月から開催されたパリ・オリンピックですが、オリンピックは「平和の祭典」といわれています。それは紀元前8世紀、古代ギリシャの都市オリンピアでオリンピックが始まった時から選手や観客の安全を願い、開催中は戦争を休止していたからです。その故事を受け継ぎ、現代に至ります。しかし近年、平和の祭典であるはずのオリンピックで毎回のように政治的分断が起きます。コロナ禍で延期になり、2021年に開催された東京オリンピック・パラリンピックでは開催について強い批判の声が上がりました。

2022年の北京冬季オリンピック・パラリンピックでは中国政府による少数民族ウイグル族への弾圧が問題となり、アメリカ、連合王国(UK)、オーストラリアなどが外交的ボイコットを表明しました。さらに、同大会の休戦期間中にロシアがウクライナに侵攻し、平和の祭典としてのオリンピックの存在が揺らぎました。オリンピックで分断が起きる背景にはオリンピックを仕切るIOC(国際オリンピック委員会)の存在があります。

IOCはヨーロッパ勢力から成り、大会の決定権は開催国にはなく、IOCが主導権を握っているといわれています。そんな中、IOCは世論など関係なしに開催の有無を含めた重要な事柄を決定するため、トラブルが起こりやすいのです。アメリカや中国に何もかも押されてしまったヨーロッパ人が威厳を保てるのは、オリンピック時のみという見方をする人もいるほどです。

参考文献 References

※1 ：燃料供給基盤整備課.（2024）.石油備蓄の現況［令和6年1月］. 資源エネルギー庁.
https://www.enecho.meti.go.jp/statistics/petroleum_and_lpgas/pl001/pdf/2024/240115oil.pdf
※2 ：ビジネス短信.（2024）. 米大統領予備選の共和党フロリダ州もトランプ氏勝利、
本選では無党派層の動向に注目.日本貿易振興機構（ジェトロ）.
https://www.jetro.go.jp/biznews/2024/03/3f2039438eeb0a65.html
※3 ：WDI（World Development Indicators）.World Bank.
https://databank.worldbank.org/source/world-development-indicators
※4 ：2024 Military Strength Ranking.Global Firepower. https://www.globalfirepower.com/countries-listing.php
※5 ：名越健郎.（2023）.プーチンは習近平を「世界のリーダー」と絶賛したが…中国にも見放される
ロシア外交の深刻な孤立ぶり.PRESIDENT Online. https://president.jp/articles/-/75284?page=2
※6 ：週刊エコノミストOnline.（2021）.中国人留学生が14年ぶりに減少？アメリカの大学の笑えない真実.毎日新聞出版.
https://weekly-economist.mainichi.jp/articles/20210105/se1/00m/020/021000c
※7 ：ビジネス短信.（2023）. 2022年の中東での石油生産は前年比9.2%増の日量3,074万バレル.日本貿易振興機構（ジェトロ）.
https://www.jetro.go.jp/biznews/2023/07/142b46d1157e363f.html
※8 ：Economics Research.（2022）. 2075年への道筋ー世界経済の成長は鈍化、しかし着実に収斂. Goldman Sachs.
https://www.goldmansachs.com/japan/insights/pages/path-to-2075-f/report.pdf
※9 ：統計局.（2022）.世界の統計2022.総務省. https://www.stat.go.jp/data/sekai/pdf/2022al.pdf
※10：経済企画庁.（1969）.昭和44年 年次経済報告.内閣府.
https://www5.cao.go.jp/keizai3/keizaiwp/wp-je69/wp-je69-02101.html
※11：自民党公式サイト.［2024］.総裁選候補9氏が外交・安全保障政策について訴える 東京・秋葉原.
https://www.jimin.jp/news/information/209077.html
※12：円、一時1ドル151円台後半に上昇 米雇用低調で.（2024）.日本経済新聞.
https://www.nikkei.com/article/DGXZQOUB032RU0T00C24A5000000/
※13：防衛省.［2024］.北朝鮮による核・弾道ミサイル開発について.
https://www.mod.go.jp/j/surround/pdf/dprk_bm_202403b.pdf
※14：日本の領土をめぐる情勢.「李承晩ライン」の設定と韓国による竹島の不法占拠.外務省.
https://www.mofa.go.jp/mofaj/area/takeshima/g_senkyo.html
※15：Military OneSource.（2021）.2021 Demographics Report.アメリカ国防総省.
https://download.militaryonesource.mil/12038/MOS/Reports/2021-demographics-report.pdf
※16：A SUMMARY OF THE REAL PROPERTY INVENTORY DATA（2018）.
BASE STRUCTURE REPORT FISCAL YEAR 2018 BASELINE. アメリカ国防総省.
https://www.acq.osd.mil/eie/Downloads/BSI/Base%20Structure%20Report%20FY18.pdf
※17：NEWS WEB.［2024］. 世界で実戦配備の核弾頭"去年より60発増加" 北欧の研究機関.NHK
https://www3.nhk.or.jp/news/html/20240617/k10014483181000.html
※18：CGD Policy Paper 121.［2018］. Center for Global Development. https://www.cgdev.org/sites/default/files/
examining-debt-implications-belt-and-road-initiative-policy-perspective.pdf
※19：尖閣諸島について.外務省. https://www.mofa.go.jp/mofaj/area/senkaku/pdfs/senkaku.pdf
※20：亀田晃尚.（2018）. 尖閣諸島の石油資源と21世紀初頭の中国の行動に関する一考察：石油埋蔵量に関する記述を中心に.
法政大学公共政策研究科『公共政策志林』編集委員会. https://core.ac.uk/download/223201511.pdf
※21：木下翔太郎.（2023）. 尖閣接続水域、中国船の航行過去最多 1年間に336日 進む武装化.毎日新聞.
https://mainichi.jp/articles/20230123/k00/00m/040/269000c
※22：石油・天然ガス資源情報.（2023）.中国のエネルギー需給・調達の現状と今後の方向性
―「保供」（供給確保）政策のもと、石炭とクリーンエネルギーを増強、不足は「長期契約」で確保し、「自立自強」へ邁進―.
独立行政法人エネルギー・金属鉱物資源機構. https://oilgas-info.jogmec.go.jp/info_reports/1009585/1009665.html
※23：Data Discovery.（2016）.数字が語る南シナ海 争い招く豊かさ.日本経済新聞.
https://vdata.nikkei.com/datadiscovery/17southcs/
※24：イラン・イスラム共和国.（2024）.イラン・イスラム共和国（Islamic Republic of Iran）基礎データ.外務省.
https://www.mofa.go.jp/mofaj/area/iran/data.html
※25：英国内務省.（2023）. 国別政策及び情報ノート トルコ:クルド人.法務省.
https://www.moj.go.jp/isa/content/001416430.pdf
※26：令和元年における難民認定者数等について.法務省. https://www.moj.go.jp/isa/content/930005069.pdf
※27：2023 OPEC Annual Statistical Bulletin 58th edition. Organization of the Petroleum Exporting Countries.
https://www.opec.org/opec_web/static_files_project/media/downloads/publications/ASB_2023.pdf
※28：石油連盟Fuel+. 原油関連｜原油の輸入. 石油連盟（Petroleum Association of Japan）.
https://www.paj.gr.jp/statis/faq/850
※29：『日本大百科全書（ニッポニカ）』. ジャパンナレッジ.
https://japanknowledge.com/lib/display/?lid=1001000210951.（参照2024-07-23）
※30：第5章食料、繊維、林産物.国立環境研究所 地球環境研究センター.
http://www.cger.nies.go.jp/ja/library/ipcc-ar4-wg2/pdf/IPCC_AR4_WG2_ch05.pdf
※31：青山直篤.（2022）.NY原油が130ドル超え、13年8カ月ぶり 米国の輸入制限検討で.朝日新聞
https://www.asahi.com/articles/ASQ373CT2Q37UHBI019.html
※32：原油価格の推移.コモディティ統計情報.新電力ネット. https://pps-net.org/statistics/crude-oil
※33：朝日新聞デジタル.（2023）.小麦価格が7%急騰 17日のシカゴ取引所 ロシアの協定離脱懸念で.朝日新聞.
https://www.asahi.com/articles/ASR7K77Q8R7KULFA00Z.html
※34：加藤青延.［2019］.中国の「一帯一路」政策 ―その版図拡大の波紋―.武蔵野大学政治経済研究所年報18号.
https://mu.repo.nii.ac.jp/records/970
※35：尖閣諸島について.外務省. https://www.mofa.go.jp/mofaj/area/senkaku/pdfs/senkaku.pdf

巡航ミサイル

核または通常弾頭を搭載し、艦艇や地上目標を攻撃するのに用いられるミサイル。速さは音速以下だが、超低空飛行ができるので、弾道ミサイルよりも相手国のレーダーに捕捉されづらい利点がある。

ハマス

パレスチナ自治区で反イスラエル闘争を続けるイスラム原理主義組織。2006年1月に行われたパレスチナ立法評議会選挙に初めて参加し、主流派であったファタハを上回る支持を得て、第一党となり、ハマス幹部のハニヤを首相とした内閣を発足させた。しかしファタハとの抗争やイスラエルとの衝突が続き自治区の治安は悪化。自治区はファタハが支配するヨルダン川西岸地区とハマスが支配するガザ地区とに分断され、対立が続いている。ハマスはイスラム教スンニ派だが、「対イスラエル」で一致しているため、シーア派の盟主イランから軍事支援を受け、レバノンのシーア派組織ヒズボラとも共闘関係にある。

ヒズボラ

レバノンのシーア派イスラム主義の政治組織、武装組織。南レバノンを22年間にわたって事実上占領していたイスラエルに対して激しい解放闘争を展開し、2000年5月にイスラエル軍を撤退に追い込んだ。ハマスと共闘関係にあり、2023年10月に起きたハマスによるイスラエルへの攻撃を受けて、ヒズボラとイスラエルの本格的な軍事衝突が起こっている。

ファタハ

パレスチナ自治政府の政党。イスラエルとの対話による和平を進め、ハマスと比較して穏健派。2006年のパレスチナ立法評議会選挙でイスラム原理主義組織ハマスに大敗し、2007年にはハマスがガザ地区を武力制圧して以降、ファタハはヨルダン川西岸地区のみを統治している。

マイナス金利政策

一般の預金者の預金金利を「マイナスにする」ということではなく、市中銀行等が保有する日本銀行当座預金の一部について「0.1%のマイナス金利を適用する」という政策。つまり、日銀に預けていると損をする状況をつくることで、市中銀行に投資を促し、国の物価上昇を促すのが狙い。

リベラル

個人の自由や平等を重視する思想や政治的スタンスを指す。リベラル派は、社会的・経済的改革を推進し、伝統や慣習に囚われず、革新的な政策を支持する傾向がある。特に、社会福祉の充実、人権の擁護、環境保護などを重視する。

冷戦

第二次世界大戦後、自由民主主義陣営のリーダー・アメリカと社会主義陣営のリーダー・ソ連の二大国が核戦力を背景にした対立。二大国が直接本格的な戦争を行うことはなかった。1989年12月、マルタ島での米ソ会談において両首脳が「冷戦終結」を宣言し、1990年ドイツ統一、1991年ソ連崩壊を経て、大戦後45年続いた冷戦は終結した。

イエメン内戦

チュニジアから始まり、北アフリカ・中東諸国に広がった民主化運動「アラブの春」。それにより、イエメンでも大統領退陣を求めるデモが起こり、当時のサレハ大統領は退陣に追い込まれ、2012年2月、副大統領だったハディが大統領に就任。しかし、「フーシ派」が首都サヌアを武力で掌握し、政権側との争いは激しいものに。その後、スンニ派のサウジアラビアやシーア派のイランも内戦に介入。サウジアラビアは政権側を、イランは「フーシ派」を支援し、イエメン内戦は複雑化した。

OPEC/OPECプラス

石油輸出国機構。「Organization of the Petroleum Exporting Countries」の略。OPECは、欧米の国際石油資本に対抗するために、1960年にイラン、イラク、クウェート、サウジアラビア、ベネズエラの5ヵ国によって結成された。2010年頃から、米国を中心としたシェールオイルの生産が増加し、需給が緩和したため、OPECに属さないロシアやメキシコなど10ヵ国と協調して需給調整を行う「OPECプラス」という枠組みが2016年に設定された。

海兵隊

上陸作戦を主任務とする軍種。アメリカの海兵隊「U. S. Marine Corps」は、世界で最も強力な海兵隊として知られる。海軍と並んで海軍省の構成部隊となっており、約17万人の兵力をもつ。

原子力空母

「原子力航空母艦」の通称。原子力機関により推進される軍艦の一種で、戦闘機などの発射基地となる。建造費が高額だが、原子力で推進するため航続力に優れる。航空機の性能が向上している現代において、航空機の移動基地となる空母は非常に高い戦略的価値を誇り、作戦行動の中核を担う。

原子力潜水艦

原子力機関で航走する潜水艦。1回の燃料装入で数年間、10万海里以上の航行ができるとされている。

国境の壁

メキシコからアメリカへの密輸や不法移民の密入国を防ぐことを目的とした国境沿いの壁とフェンス。バイデン大統領は就任直後に建設を停止していたが、トランプ前大統領が進めた国境沿いの壁の建設を再開すると、2023年10月に発表した。

GHQ

第二次世界大戦後、日本に置かれた連合国最高司令官の総司令部。「General Headquarters」の略。1952年のサンフランシスコ平和条約発効まで占領政策を進めた。

G7

主要先進7ヵ国。1975年、オイルショックに対処すべく経済政策の協調を目的に、米英仏独伊日の6ヵ国首脳が集まったことに端を発する。翌年にカナダが加わってG7に。サミットは毎年開催され、各国首脳が集まる。

GDP/GNP

GDPは「Gross Domestic Product」の略で国内総生産を指す。現在、国の経済力を測る際に多く使われている指標。2001年以降、内閣府の主要統計の一つである国民経済計算においても使われている。一方、GNPは「Gross National Product」の略で国民総生産を指す。高度経済成長期において頻繁に使用されていた経済指標だったが、グローバル化が進み、日本人や日本企業が海外に進出し、外国人や外国企業が日本で経済活動を行うようになったため、一国の経済活動を正確には捉えにくくなり、現在はほぼ使用されていない。

出口治明（でぐち・はるあき）

立命館アジア太平洋大学（APU）名誉教授・学長特命補佐、ライフネット生命創業者。1948年三重県生まれ。京都大学法学部卒業後、日本生命に入社。ロンドン現地法人社長、国際業務部長などを経て2006年に退職。同年、ネットライフ企画（株）を設立し、代表取締役社長に就任。2008年4月、生命保険業免許取得に伴いライフネット生命に社名変更。2012年上場。社長・会長を10年務めたのちに退社し、2018年1月から2023年12月まで立命館アジア太平洋大学学長を務めた。自身の経験と豊富な読書量にもとづき、旺盛な執筆活動を続ける。おもな著書に『仕事に効く 教養としての「世界史」I・II』（祥伝社）、『全世界史（上）（下）』（新潮文庫）、『人類5000年史』シリーズ（ちくま新書）、『0から学ぶ「日本史」講義』シリーズ（文藝春秋）、『哲学と宗教全史』（ダイヤモンド社）、『教養としての「地政学」入門』『一気読み世界史』（日経BP）、『ぼくは古典を読み続ける 珠玉の5冊を堪能する』（光文社）など多数。

ブックデザイン・図版制作・DTP　土谷英一朗（Studio Bozz）
執筆協力　廉屋友美乃
カバーイラスト　マツ
本文イラスト　kikii クリモト
校　閲　円水社
編　集　川本真生（小学館クリエイティブ）

1日3分で話せるようになる!
世界をひも解く「地政学ニュース」

2024年11月4日　初版第1刷発行

監修者　出口治明
発行者　尾和みゆき
発行所　株式会社小学館クリエイティブ
〒101-0051 東京都千代田区神田神保町2-14 SP神保町ビル
電話 0120-70-3761（マーケティング部）
発売元　株式会社小学館
〒101-8001 東京都千代田区一ツ橋2-3-1
電話 03-5281-3555（販売）
印刷・製本　中央精版印刷株式会社

ISBN978-4-7780-3638-6